社会调查理论与方法

汤秀丽 著

中国水利水电出版社
www.waterpub.com.cn

内 容 提 要

本书共有八章内容:第一章对社会调查的基本理论知识进行了简要阐述;第二章对社会调查课题的选择与方案设计进行了研究;第三章和第四章主要对问卷设计和抽样调查的相关问题进行了研究;第五章对社会调查的其他方法——文献法、实验法、观察法进行了研究;第六章与第七章主要对资料的整理与分析进行了深入的探讨;第八章主要围绕调查报告的撰写问题展开了论述。

总体来说,本书结构清晰明了,语言通俗易懂,相信本书的出版能够让广大读者加深对社会调查的认识,为社会调查研究提供一些新的思路。

图书在版编目(CIP)数据

社会调查理论与方法/汤秀丽著.—北京:中国水利水电出版社,2014.9(2022.9重印)
ISBN 978-7-5170-2513-9

Ⅰ.①社…　Ⅱ.①汤…　Ⅲ.①社会调查　Ⅳ.①C915

中国版本图书馆 CIP 数据核字(2014)第 214997 号

策划编辑:杨庆川　责任编辑:杨元泓　封面设计:崔　蕾

书　　名	社会调查理论与方法
作　　者	汤秀丽　著
出版发行	中国水利水电出版社
	(北京市海淀区玉渊潭南路 1 号 D 座 100038)
	网址:www. waterpub. com. cn
	E-mail:mchannel@263. net(万水)
	sales@ mwr.gov.cn com. cn
	电话:(010)68545888(营销中心)、82562819(万水)
经　　售	北京科水图书销售有限公司
	电话:(010)63202643、68545874
	全国各地新华书店和相关出版物销售网点
排　　版	北京鑫海胜蓝数码科技有限公司
印　　刷	天津光之彩印刷有限公司
规　　格	170mm×240mm　16 开本　14.25 印张　185 千字
版　　次	2014年10月第1版　2022年9月第2次印刷
印　　数	3001—4001册
定　　价	36.00 元

前　言

　　人类生活的社会丰富多彩、复杂奇妙,长期以来,人们一直没有停止过对社会现象、社会规律等的探索和研究。在此过程中,逐渐形成和发展了多种研究方法与技术,其中,社会调查成为了社会科学界最常见的一种研究方式。

　　作为一项非常古老的研究方式,社会调查可以追溯到数千年前。当人类进入奴隶制社会之后,随着阶级、国家、战争等一系列新的社会现象的出现,统治者为了能够更好地控制与管理其领土及子民,在全国范围内或领域内开始了对人口、土地、劳动工具等社会基本情况的调查。随着社会的不断发展,社会调查经历了由奴隶社会初期到封建社会末期的发展过程,后来又出现了现代意义上的社会调查。从19世纪开始至20世纪初,社会调查进入了初步发展,在这个阶段,社会调查所关注的焦点逐渐从以往的行政统计调查领域扩大到了现实社会中人们的生活条件、生活状况等社会领域。从20世纪二三十年代开始至今,社会调查进入到了迅猛发展的阶段,在原有的基础上,社会调查又出现了民意调查、市场调查和研究性调查等多种类型,所采用的技术与方法也得到了进一步的发展,具有了规范性、程序性、标准性等特点,并出现了一些专业的社会调查机构和部门,承担了种类繁多的调查研究任务。

　　为了能够更好地对社会调查进行研究,笔者在深入了解社会调查理论与方法的基础上,撰写了《社会调查理论与方法》一书。本书共有八章内容,第一章主要阐述了社会调查的对象、目的、作用、题材、方法论体系与一般步骤等内容,并对社会调查的相关理论进行了简要的介绍;第二章主要对社会调查的选择与方案设计进行了研究;第三章主要对问卷设计的相关问题进行了研究;第四章重点研究了抽样调查的相关问题;第五章对社会调查的其他方法——文献法、观察法和实验法进行了研究;第六章与第七章主要对资料的整理与分析进行了深入的探讨;第八章主要围绕调查报告的撰写问题展开了论述。

总体来说,本书结构清晰明了,语言通俗易懂,在对社会调查的理论与方法进行全面阐述的同时又重点突出,相信本书的出版能够让广大的读者加深对社会调查的认识,为社会调查研究提供一些新的思路。

本书在撰写过程中参阅了许多有关社会调查的著作,同时也引用了许多专家和学者的研究成果,在此表示最诚挚的谢意! 由于时间仓促,作者水平有限,错误和不当之处在所难免,恳请广大读者提出宝贵意见,以便本书日后的修改与完善。

作　者
2014 年 9 月

目　　录

第一章　社会调查的理论研究

社会调查是人们有目的地认识社会的一种活动,具体来说它是指"采用一种自填式问卷或结构式访问的方法通过直接的询问,从一个取自总体的样本那里收集系统的、量化的资料,并通过对这些资料的统计分析来认识社会现象及规律的社会研究方式"[①]。对社会调查的理论知识有一个基本的、正确的认知,是进行社会调查的前提。

第一节　社会调查的对象、目的与作用

一、社会调查的对象

社会调查的对象主要有两大类:一个是社会基本要素,一个是调查研究单位。这两大类又各自包含着具体的小类别。

(一)社会基本要素

社会基本要素主要包括以下几方面的内容。

[①]　风笑天:《现代社会调查方法》(第 4 版),武汉:华中科技大学出版社,2009 年,第 6 页。

1. 自然环境

自然环境是指人类社会所处的地理位置所决定的物质条件，它包括地质地貌、气候水文、矿产植被等。[①] 作为人类的生存空间，自然环境与人类的关系十分密切，它在很大程度上决定或影响着人们的生活方式，影响着人类的物质文明和精神文明的发展及其形式。与此同时，人类的活动也会对自然环境产生影响，这种影响既有正面的，也有负面的，人类只有正确认识自然规律，并正确利用自然规律来进行活动才会对自然产生正面的影响。因此，在社会调查中，人与自然界之间的关系，或者说自然环境与社会之间的关系，便成为了社会调查的关注点，自然环境也便顺理成章地成为了社会调查的对象。

2. 人口状况

人是社会的最基本要素，没有人，就没有人类社会，就没有人类历史。因此，人口状况是社会调查的对象之一。人口状况主要包括两方面的内容，一是人口构成，二是人口过程。前者包括人口的自然构成（如性别、年龄等）和社会构成（如民族、阶级、职业、教育、宗教、婚姻等），后者包括人口的自然变动（如出生、死亡）和社会变动（如迁移等）。由于人都是生活在一定的人群共同体之中，因此在社会调查中，通常都要结合一定的人群共同体，如阶级、阶层、政党、国家、军队、社会组织、社会团体、民族、社区、家庭、邻里等来进行研究。

3. 文化

从广义的角度而言，文化是指人类在社会实践过程中所创造的物质财富、精神财富的总和，指的是每个民族为了生存和发展所创造的一切文明成果；从狭义的角度来说，文化是人的全部精

---

① 周孝正，王朝中：《社会调查研究》，北京：中央广播电视大学出版社，2005 年，第 5 页。

神创造活动的总和,它包括了意识、观念、心理和习俗等内容。在社会调查中,文化也是其调查对象之一,主要关注的是社会的一定文化背景对社会发展的影响,具体来说是指思想基础、理论基础、行为特征、组织形态、领导形态、控制形态、评价标准、综合特征、综合气氛等对社会发展的影响。

(二)调查研究单位

调查研究单位主要包括以下方面的内容。

1.个人

人是社会的主体,个人是社会的最基本因素。每个人都具有自然属性和社会属性。从自然属性来讲,个人是独立的能够自我实现新陈代谢的生命实体。从社会属性来讲,个人是社会中的一员,要接受既定的社会和社会关系对他的影响、教化或是训练,其思想意识和行为方式也会影响社会。[①]

在进行社会调查时,对个人的调查主要包括个人的社会化过程、个人的社会角色和个人的社会地位。个人的社会化过程是指个人在特定的社会和文化环境中,学习和适应社会文化和行为模式的过程。个人的社会角色是指围绕社会地位而形成的权利义务系统和行为模式。个人的社会地位是指由个人的社会关系所确定的在社会结构中的位置。个人的社会化过程、社会角色和社会地位的不同,会使其具有区别于他人的不同特征,在进行社会调查时,需要对这些个人特征多加注意。

需要指出的是,社会调查一般不会停留在个人层面上,而是需要描述或解释由个人及其行为所组合构成的更大的社会现象。

[①] 周孝正,王朝中:《社会调查研究》,北京:中央广播电视大学出版社,2005年,第6页。

2. 初级社会群体

初级社会群体是通过长期的、直接接触的相互作用而形成的,主要是指家庭、村落、非正式组织等。

家庭是社会中的基本单位,与社会生活息息相关,以血缘、感情为纽带联结而成。在进行社会调查时,对于家庭,主要研究的是"家庭职能的变化与社会的相互关系,通过家庭调查研究妇女、儿童、老人等问题,调查研究血缘关系、亲情关系在社会中的表现和作用等"[①]。

村落为众多居住房屋构成的集合或人口集中分布的区域,在中国,这种群体性主要出现在广大的农村地区。在进行社会调查时,对于村落,主要研究其在组织生产和生产、生活上的互助情况,对儿童、青少年的教育和社会化情况,思想交流和感情联络情况,社会秩序稳定情况等。

非正式组织是以感情为媒介发展起来的自然形成的无形组织。在这类组织中,群体成员往往思想统一,行动一致。在进行社会调查时,对于非正式组织,主要研究它对社会的影响和作用。

3. 社会组织

社会组织是高级的社会关系的结构形式和复杂的社会群体,是人们为了实现特定的目标,通过直接、间接的联系,按照一定原则而结成的社会共同体。

判断一个组织是否是社会组织,主要有以下几条标准。

第一,看它是否具有规定的目标。

第二,看它是否具有更为复杂的社会关系,这种社会关系是否既有横向联系,又有纵向联系,是否有权力和职位层次、职能分工、结构、组织形式等。

第三,看它是否具有更严格的规范。社会组织的规范化来自

---

① 周孝正、王朝中:《社会调查研究》,北京:中央广播电视大学出版社,2005 年,第 7 页。

于法律、法规、政策、纪律、规章、制度、原则等的约束,而不是依靠约定俗成或道德修养来维系的。

第四,看它是否具有稳定的结构。由于社会组织的目标具有稳定性、长期性,并按照一定的理论、组织原则、活动方式等组成,因此它一旦形成,就不会轻易解体。

社会组织是重要的社会现象,如工厂、商店、银行、政府、政党、军队、学校、报社、医院等都属于社会组织,并且随着社会的日益发展,各种经济的、政治的、文化的组织还在增加,它们已经成为了社会的主体。在进行社会调查时,对于社会组织,主要研究它的自身及其现状。

4. 阶级、阶层

阶级是在生产关系中处于不同地位的人群的集团,阶层是指人们由于职业、经济地位和社会地位的差别而分成的若干层次。自从人类进入到阶级社会以后,阶级和阶层就出现了。阶级和阶层不仅与每一个社会成员的生活直接相关,而且对社会结构、社会性质、社会变迁等起着决定性的作用。由于利益、欲望、态度、价值观念的差异,各阶级和阶层对社会进程的影响和作用也有所不同。在社会调查中,对于阶级、阶层,主要研究各阶级、阶层的现状。

5. 民族

马克思主义认为,民族是人们在历史上形成的一个有共同语言、共同地域、共同经济生活以及表现于共同文化上的共同心理素质的稳定的共同体。世界上许多国家都是多民族的国家。各民族大都具有自己特定的生产、生活方式和文化。在进行社会调查时,对于民族,主要研究它们的生产、生活方式和文化的特征,以及语言、文字、风俗、习惯、心理素质、行为方式等的特点。

6. 社区

社区是指由居住在一定地域内的人们所组成的社会共同体。[①] 按照社区所在地的不同,社区主要分为两大类:一类是以农业为基础的、规模较小、结构简单的农村社区,一类是以工商服务业为基础的、规模较大、结构复杂的城市社区。无论是哪种类型的社区,都是一个社会的缩影,其基础条件和结构能够全面满足人们的各种需要。进行社会调查时,对于社区,主要研究社区的构成要素、社区的特点和功能、社区的历史与变化、社区的地位、社区的发展趋势以及社区居民的生活状况、交往活动、文化活动、行为规范等。

7. 社会行为

社会行为是指人类在社会中的行为,包括各种类型的社会活动、社会关系、社会制度等。在进行社会调查时,社会行为,主要研究的是各类社会行为本身的特征。

8. 社会产品

社会产品是指物化的人类行为的产物,如歌曲、电影、书籍、报刊、广告、服装、建筑物、交通工具、基础设施等。在进行社会调查时,对于社会产品,既可以作为独立的个体调查研究单位,也可以作为群体调查研究单位,主要研究与其相关的各种内容。

二、社会调查的目的

社会调查的目的主要有以下几个方面的内容。

[①] 周孝正,王朝中:《社会调查研究》,北京:中央广播电视大学出版社,2005年,第9页。

（一）对事实进行准确描述

社会调查的首要目的就是要准确地描述社会客观现实，即说明社会"什么样"或"怎么样"的问题。社会调查中的普查、民意测验、市场调查等，都是按照一定的目的，在正确收集调查对象的有关事实材料的基础上，运用科学的手段和方法，对收集到的资料去伪存真、去粗取精，从而形成客观、精确、多方面的系统描述的。

需要指出的是，要想使社会调查能够对事实进行准确的描述，首先要采用科学的调查方法，其次调查者要持客观的立场。只有这样，才能够透过错综复杂的社会表象，如实地揭露出社会现象的本来面貌。

（二）对现象进行解释，对本质进行探索

社会调查不仅回答社会现象"怎么样"与"什么样"的问题，还要解释社会现象，回答"是什么"与"为什么"的问题，也就是说，需要对现象进行解释，对本质进行探索。社会现象虽然是多变的、个别的，但在其背后总是隐藏着事物内在的、本质的、必然的联系，以及具有普遍性、可重复性和相对稳定性的东西。进行社会调查的目的就是要找出隐藏在这些现象背后的这些内容。

需要指出的是，在对现象进行解释，对本质进行探索时，必须要在正确的理论指导下进行，只有这样才能够对纷繁复杂的社会现象作出正确的判断和解释，才能透过事物的表象正确揭示出事物的本质，否则，即使获得了较正确的调查结果，也会因为所使用的理论存在问题而做出错误的调查结论。

（三）对调查对象进行科学预测，提出相应对策

社会调查研究除了对社会现象进行基础性的认识并对其原

因、本质进行分析外,往往还要对调查对象进行科学的预测,提出相应的对策。预测是建立在对社会现象准确描述和正确解释的基础上的,主要是指调查者运用各种预测方法,对调查对象内外相关的联系及发展趋势进行科学的估计和评价。[①] 对策是指为解决社会矛盾和社会问题所提出来的应对方法。

需要指出的是,在进行预测的时候一定要科学地遵循事物的发展规律,不能脱离客观现实,所提出的相应对策必须与调查材料和调查结论有合理的逻辑联系,必须要有可行性。

三、社会调查的作用

社会调查作为一种自觉的认识和实践活动,具有多方面的作用,具体来说,主要表在以下几方面。

(一)社会调查有利于正确认识社会

社会调查是人们认识社会的重要工具。认识社会有很多的途径,如参加社会实践、学习书本知识等,离开社会调查的社会实践只能让人积累一些零碎的、有限的、狭隘的经验,很难获得对社会生活和社会现象的全面而深刻的认识。离开社会调查,只学习书本知识,很容易犯主观主义、教条主义和理论脱离实际的错误,因此,只有通过社会调查,人们才可以超越自身实践经验的局限性,获得更广阔的社会生活的知识与经验,才可以将理论与实际联系起来,从而正确认识社会。

---

① 周孝正,王朝中:《社会调查研究》,北京:中央广播电视大学出版社,2005 年,第 9 页。

(二)社会调查有利于正确制定政策和执行政策

社会调查可以使人们正确地了解本国、本地的具体情况,并从本国、本地的具体情况出发,制定出正确的政策,并能够使这些政策得到贯彻执行。换句话来说,正确政策的制定和执行都是建立在对信息的收集和处理之上的,而这正是在社会调查参与的情况下实现的。因此,社会调查是正确制定政策和执行政策必不可少的重要组成部分。

(三)社会调查有利于提高人的思想水平和认识能力

社会调查能够提高人的思想水平与认识能力,这主要体现在以下两方面。

首先,社会调查能够帮助人们的主观认识符合客观实际,在思考问题和分析问题时做到从实际出发,从而避免犯主观主义、教条主义、经验主义和理论脱离实际的错误

其次,社会调查对于调查对象来说,能起到启发和引导的作用。任何社会调查都必然具有特定的目的,不管调查者是有意还是无意,调查的内容和调查活动本身都会在客观上对被调查者产生某种影响,在不同程度上对他们产生某种启发和引导作用。例如,进行社会调查的前提是发现社会中存在的问题,这就需要人们具备敏锐的洞察力,发现值得研究的问题;在进行社会调查的过程中,调查者需要具备社会调查的学科知识以及了解与被调查对象有关的基本知识,此外,还需要具备全面而深刻地分析问题、认识事物的本质及规律、得出客观而正确的结论并提出指导实践的办法的能力;在对被调查对象进行数据收集、分析时,又要具备相应的统计分析能力;在调查报告的撰写中,除了要有基本的文字能力外,也需要调查者具有分析、综合问题的能力,等等。这些都说明社会调查能够提高人的思想水平与认识能力。

第二节 社会调查的题材、方法论体系与一般步骤

一、社会调查的题材

人类生活的社会是丰富多彩的,人们的行为是复杂多样的,这也就决定了社会调查的题材也必然是丰富的和多样的。无数题材都可以作为社会研究的主题,但总的来讲,这些题材主要可以分为三种,详见表1-1。

表 1-1 社会调查的题材

种类	定义	特点	举例
某一人群的社会背景	是指有关人们各种社会特征和部分自然特征的资料	这类题材的客观性很强,人们对其熟悉程度较高,且大多不具有敏感性,因此收集起来往往比较容易,较少出现问题。几乎所有的社会调查都或多或少地包括这一题材中的内容	性别、年龄、文化程度、婚姻状况、宗教信仰、职业、家庭成员、居住特点、社区类型,等等
某一人群的与公共政策相关的社会行为的活动	是指有关人们"做了些什么"以及他们"怎样做"等方面的资料	这类题材也是客观的、事实性的,它通常构成大部分社会调查的主体内容,除了部分需要回忆和计算的问题,多数资料在社会调查中也是相对比较容易获得的	是否经常找邻居聊天、几点钟起床、上班路上花费的平均时间、是否做家务、每年在奢侈品上的平均消费,等等

种类	定义	特点	举例
某一人群的态度和意见	是指有关人们"想些什么""怎么想的"或"有什么看法""持什么态度"等方面的资料	这类题材属于主观性的、意识性的资料,构成各种民意测验、舆论调查、社会心理调查的主要内容。在收集此类资料的过程中有时要向调查对象询问一些敏感或隐私类问题,因此调查时阻力相对较大	人们对我国目前房价的态度、学生对自己专业的满意度、人们对自己职业的满意度、人们对公共交通的意见、学生择偶态度、人们对艾滋病人的态度,等等

二、社会调查的方法论体系

社会调查的方法体系是由社会调查的方法论、社会调查的具体方法、社会调查的具体技术和工具三个层次构成的。

(一)社会调查的方法论

社会调查的方法论是社会调查方法体系的最高层次。它主要是指社会调查的理论基础和指导思想。它由马克思主义哲学方法论、逻辑方法论和学科方法论组成,具体情况如表 1-2 所示。

表 1-2　社会调查的方法论的组成

类型	内涵	作用
马克思主义哲学方法论	是运用马克思主义哲学理论观察和分析问题的根本方法	它从世界观和方法论的高度,为社会调查指明方向和道路,构成社会调查方法论体系的理论基础
逻辑方法论	是一整套科学思维形式和思维方法的理论体系	它为社会调查的具体方法和具体技术提供思维方法的指导
学科方法论	是指各门社会科学的专门理论	它为调查研究课题的确定、各种调查指标的制定等提供理论帮助

（二）社会调查的具体方法

社会调查的具体方法，是社会调查方法体系的中间层次。这个层次主要包括收集资料的方法和研究资料的方法两部分内容。[①]

1. 收集资料的方法

收集资料的方法是指在调查实施阶段所使用的具体方法，主要有普查、抽样调查、典型调查、个案调查等基本类型，以及观察法、访问法、问卷法、文献法等具体方法。

2. 研究资料的方法

研究资料的方法是指在研究阶段所使用的具体方法，包括统计分析方法和理论分析方法两部分内容。统计分析方法主要有单变量描述统计、双变量相关分析、区间估计和假设检验等。理论分析方法主要有分类和比较、归纳与演绎、分析和综合等方法。[②]

（三）社会调查的具体技术和工具

社会调查的具体技术和工具，是社会调查方法体系的最低层次。它包括专门技术和专门工具两部分内容。

1. 专门技术

专门技术服务于具体方法。它包括指标设计、问卷设计等资

---

① 吴增基，吴鹏森，苏振芳：《现代社会调查方法》（第 3 版），上海：上海人民出版社，2009 年，第 26 页。
② 吴增基，吴鹏森，苏振芳：《现代社会调查方法》（第 3 版），上海：上海人民出版社，2009 年，第 27 页。

料测量技术,观察、访谈、记录等资料收集技术,以及审核、过录、汇总等资料整理技术。

2.专门工具

专门工具是具体方法的延伸,也服务于具体方法。它包括记录表、过录表、统计表等量度工具,还包括照相机、录音机、摄像机、电子计算机等辅助工具的使用技术。其中,电子计算机在社会调查中的应用有越来越广泛的趋势。

三、社会调查的一般步骤

社会调查一般具有以下几个步骤。

(一)选题

选题是社会调查的第一步,就是选择一个合适的调查问题。作为一项社会调查活动的起点,选题一旦确定,整个调查活动的目标和方向也就随之确定了。可以说,选题在一定程度上决定着整个调查工作的成败,并决定着调查成果的好坏优劣。因此,需要给予选题高度的重视。

在确定选题的时候要做好两方面的工作:一是在现实社会中存在的大量的现象、问题和焦点中,恰当地选择出一个有价值的、有创新的和可行的调查问题;二是将比较含糊、比较笼统、比较宽泛的调查问题具体化和精确化,明确调查问题的范围,理清调查工作的思路。关于选题的具体内容,可以参看本书的第二章第一节。

(二)准备

这里所说的准备是为实现调查目标而进行的道路选择和工具准备。其中,道路选择指的是为达到调查的目标而进行的调查设计工作,它包括从思路、策略到方式、方法和具体技术的各个方面;工具准备是指调查所依赖的测量工具或信息收集工具——问卷的准备和调查信息的来源——调查对象的选取工作。

(三)实施

实施也叫做资料的收集或调查方案的执行,其主要的任务是具体贯彻调查设计中所确定的思路和策略,按照调查设计中所确定的方式、方法和技术进行资料的收集工作。

在进行实施这一步骤时,由于调查者往往要深入实地地接触被调查者,同时调查工作中所投入的人力也最多,遇到的实际问题也最多,因此,需要做好社会调查人员的组织和管理工作,此外,由于社会现象的复杂性,或者由于现实条件的变化,事先所考虑的调查设计往往会在某些方面与现实之间存在一定的距离或偏差,因此,在具体的实施过程中,要注意发挥研究者的灵活性和主动性,并根据实际情况进行修正或弥补。

(四)分析

分析的主要任务是对实地调查所收集到的原始资料进行系统的审核、整理、统计、分析。就像农产品从地里收回后要经过很多道加工的工序才能最终成为香甜可口的食品一样,从实地调查中所得到的众多信息和第一手资料也要经过调查研究者的多种"加工"和"处理",才能最终变成调查研究的结论。因此,在分析阶段,具体的任务既包括对原始资料的清理、转换和录入到计算机中等工作,也包括用各种统计方法对资料进行分析的工作。需要特别指出的是,由现代社会调查的特定方式、方法以及所收集的资料的性质所决定,这种加工和处理的方式及手段主要是定量的统计分析。

(五)总结

总结阶段的任务主要是撰写调查报告、评估调查质量、应用调查成果。社会调查的目的之一就是形成调查报告,调查报告是社会调查结果的集中体现。因此,撰写调查报告是对整个社会调查工作的全面总结。在调查报告中,对调查质量进行评估是其重要内容之一。如果条件允许,需要将社会调查的成果以不同的形式应用到社会实践中去,真正发挥社会调查在认识社会现象、探索社会规律中的巨大作用。

第三节　社会调查的相关理论

社会调查是在一定的理论指导下完成的,与社会调查相关的理论主要有以下几种。

一、"科学环"理论

"科学环"理论是由美国社会学家华莱士在其名著《社会学中的科学逻辑》一书中提出来的,在阐述社会研究的逻辑过程时,华莱士所叙述的过程可以用图1-1表示出来,这个图就被人们称之为"科学环",并被广泛地应用在社会调查中。

华莱士所提出的"科学环"告诉我们:科学是理论与研究之间不断相互作用的过程。在这个"科学环"中,研究者的入口有以下两个。

第一个是从观察入手。研究者首先观察事实、记录事实,通过描述和解释他们所观察到的事实,形成经验概括并上升为理论,然后在他们的理论的基础上作出预测,再通过观察新的事实以检验这种预测。

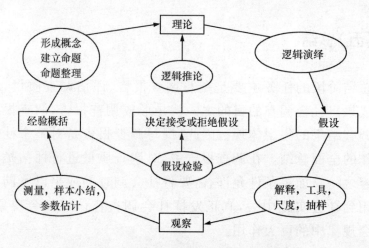

图 1-1　华莱士所提出的"科学环"的逻辑过程

　　第二个是从理论入手。研究者从理论出发,由理论产生假设,再由假设转至观察,然后由观察形成经验概括,用这种概括支持、反对或建议修改理论,或提出新的理论。

　　华莱士所建构的"科学环"是针对社会研究的一般逻辑过程而言的,在具体的实践中,往往只完成了整个圆环的一半,即以观察为起点的往往只是从观察到理论,而以理论为起点的往往是从理论到观察。为了能够更为准确地描述这一过程,我国学者风笑天提出了研究过程的逻辑图示,如图 1-2 所示。

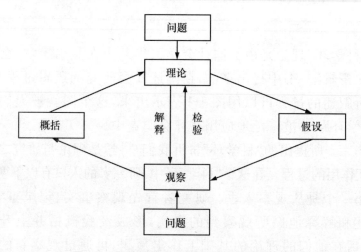

图 1-2　风笑天提出的研究过程的逻辑图示

通过图 1-2 可以看出，在现实所提出的各种问题面前，可以采用两种不同的研究路线。第一种研究路线是从具体观察入手，通过经验概括和归纳推理，得出理论，并用这一理论对最初的观察进行说明和解释，这种研究路线以实地研究这一方式为典型代表；第二种研究路线是从现有理论入手，运用演绎推理得出假设，再通过经验的观察来检验（证实或否定）最初的理论，这种研究路线以调查研究为典型代表。由此可知，理论和研究是一个循环中的两个相对独立的组成部分。理论鼓励人们去进行可以用来证实或反驳它的研究，而研究的成果则被用来证实、否定或修改这一理论，同时也为新的理论的建立提供依据。[①] 可以说，社会学知识正是在这样一种循环往复、永无休止的过程中一步步积累起来的。由此我们也可以看出实地研究与调查研究这两种研究方式之间存在着内在连续性。

需要指出的是，虽然在具体的社会研究中，研究者可能只采用两者之一作为他的起点，但他有义务考虑他的工作对两者间互动的意义。换句话说，如果研究者集中于经验研究，那么他就必须考虑这种研究与社会理论的相关性；如果研究者的主要兴趣集中在发展社会理论上，那么他就必须说明依据经验研究来检验和扩充他的理论的具体方式。"我们不欣赏那些只会空谈不会观察，或只会观察不会思想，或只会思想而不能使自己的思想经受系统经验检查的社会学家，而不管他们是什么权威。"[②]因此，这两种研究路线是不能够单独存在的。

二、实证主义理论与解释主义理论

社会调查与实证主义理论、解释主义理论有着千丝万缕的

---

① 董海军：《社会调查与统计》，武汉：武汉大学出版社，2009 年，第 13 页。
② ［美］罗伯特·默顿著，何凡兴译：《论理论社会学》，北京：华夏出版社，1990 年，第 92 页。

联系。

实证主义理论源于经验主义哲学。在主客体的关系上,实证主义认为社会现象是客观存在,不受主观价值因素影响,不以知识、理论为中介;主体和客体是两个截然分开的实体,主体可以通过对一套工具的操作而获得对客体的认识。[①] 在对客体的认识上,实证主义认为社会现象必须是可以被经验地感知的,理论的真理性必须由经验来验证,一切概念都必须还原为直接的经验内容。理论与实践、价值与事实是相互独立的实体,不能相互渗透。实证主义遵循自然科学的思路,认为事物内部和事物之间必然存在逻辑因果关系,研究的目的就在于找到这些关系,并通过使用一些理性工具来对他们进行科学的论证。

在实证主义理论的指导下,研究的基本过程是:研究者事先假设并确定具有因果关系的各种变量,然后使用某些经过检测的工具对这些变量进行测量和分析,从而验证研究者预定的假设。

解释主义理论的哲学根基来源于唯心论,该理论认为人类对世界的体验并非是对外界物质世界的被动感知与接受,而是主动的认识与解释。在主客体的关系上,解释主义认为主客体之间是一个互为主体、相互渗透的过程,二者不能截然分离。主体对客体的认识实际上是主体在和客体的互动关系中对客体的重新建构。

在解释主义理论的指导下,研究的基本过程是:研究者深入到研究现场,在尽可能自然的环境下和被研究者一起生活工作,了解他们所关心的问题,倾听他们的心声;同时对自己所使用的方法进行深刻的反省,注意自己和被研究者的关系对研究的影响;然后在这一基础上对被研究者的意义解释系统进行建构和再现。

由以上论述可知,实证主义将自然科学中对科学主义和工具理性的崇拜引入社会科学,将事物绝对客观化、经验化、逻辑化;

---

① 董海军:《社会调查与统计》,武汉:武汉大学出版社,2009年,第14页。

解释主义假设人们的行为有其内在联系,对自己行为的动机和意义都十分清楚,尊重对当事人意义的解释。这二者都是社会调查的指导理论。

第二章　社会调查课题的选择
与方案设计

开展社会调查需要面对的第一项工作就是课题的选择,这也是社会调查的起点。只有确定了课题,才谈得上研究方案设计和实施调查以及在对调查资料分析基础上形成研究报告。对于具体的社会调查,在确定了课题之后,就应该着手方案的设计工作,围绕课题这一目标进行认真、周密的规划和设计。可以说,方案设计的形成是课题选择工作完成的标志。

第一节　社会调查课题的选择

一、课题的类型

根据贝弗里奇所著的《科学研究的艺术》一书的说法,社会调查课题也可以被分为应用性课题和理论性课题两大类。实际上,当前社会调查的分类更多,按照不同的标准可以划分为不同的类型。

(一)理论性课题与应用性课题

根据社会调查课题所关注的侧重点的不同,可以划分为理论性课题和应用性课题两大类。理论性课题侧重于发展有关整个社会的基本知识,特别是侧重于建立某种理论或检验某个理论假设的课题。它往往表现出十分明显的理论倾向,其关注点主要在于探索现象之间的关系,以及增加对具体社会现象所具有的内在规律的认识,探索或建立理论知识及体系是其最终目的。

应用性课题侧重了解、描述和探讨某种社会现实问题或者针对某类具体社会现象的课题。在社会现实生活中,各级政府机构和实际工作部门所做的各种调查,还有各种类型的市场调查,基本上属于应用调查课题范畴。这类课题比较集中地体现在迅速地了解现实状况、分析现象或社会问题形成的原因、特点、规律等方面,并有针对性地提出建议,以帮助解决和分析社会或自然中的各种问题和现象。

其实,对于同一种社会现象,或者说同一种研究题材,往往既可以找到理论性课题,也可以找到应用性课题。但二者的关注点不同,理论性课题更关注如何发展某种一般性的社会认知,而应用性课题则更关注如何有效地解决现实社会问题。需要指出的是,现实生活中的社会调查课题大多在这方面没有十分严格的界限区分,一个社会调查可以兼有解决实际问题的能力,也可能有助于某种理论的建构。

(二)自选性课题、委派性课题和招标性课题

根据社会调查课题来源的不同,可以划分为自选性课题、委派性课题和招标性课题三大类。

自选性课题指的是研究者根据自己从事的实际工作的情况和需要,或者是根据自己的专业领域、研究方向或研究兴趣,结合

社会的某种需要,由自己选定的课题。[①]

委派性课题指的是由有关的机构、部门、单位,根据社会发展需要或工作需要委派给相关单位或个人的调查研究课题。[②] 这种课题一般为各级政府机构以及涉及社会各个具体领域的工作部门所使用。

招标性课题指的是某些组织机构面向社会或专业人员广泛征求申请者,择优录取并提供资助的课题。[③] 这类课题既有一定的指导性和规定性,又有一定的自主性和灵活性。

以上各种课题类型是相互交叉的,理论性课题和应用性课题可能是委派的,也可能是自选的,或者是招标的。同样,委派课题、自选课题和招标性课题也可能是理论性课题或应用性课题。

二、课题选择的标准

(一)重要性

重要性,是指研究问题所具有的意义或价值。我们所从事的任何一项研究问题,首先必须具有某种意义或价值。这种意义或价值可以是理论方面的,也可以是实践方面的,或者是理论与实践兼而有之的。例如,"社会转型与职业流动的关系研究"与"当前我国的吸毒现象及其防治对策研究"所体现出来的意义或价值就有所不同。前者的关注点主要在于探讨社会生活中的职业流动现象与整个社会转型之间的关系,因而主要具有理论方面的价值;后者则主要针对现实社会生活中存在的具体社会问题,所以具有明显的实践意义。

---

① 谭祖雪等:《社会调查研究方法》,北京:清华大学出版社,2013 年,第 23 页。
② 同上。
③ 同上。

在选择课题的时候,要对其重要性进行评判,要知道该课题有没有用处,有什么用处,有多大的用处。可以说,越有用处的课题越是好课题,也越值得去研究。

(二)创新性

创新性,指的是研究课题应该具有某种新的东西,具有某种与众不同的地方,具有自己独特的特点。最具创新性的课题可以是那种全新的、前人从没有做过的课题,这也就是人们常说的属于"填补空白"的课题。然而,属于"填补空白"的课题还是比较难找的。所以,对于大多数研究者来说,一项课题的创新性通常是指该课题在研究的思路或者研究的角度、依据的理论、研究的内容等某一方面或某几方面,与前人有所不同,有自己独到的、新颖的地方。当然,选择"与众不同"的课题时要有明确的目的,具有理论或者实践方面的意义和价值,而不能单纯地为不同而不同。

(三)可行性

可行性即可操作性,指的是研究者是否具备进行或完成某一研究课题所需要的主、客观条件。在许多情况下,越是具有重要价值和创新性的研究课题,它所受到的主、客观限制往往也越多,可行性就越差,甚至几乎不可行,无法操作。

主观限制是指研究者自身条件方面的限制。它包括研究者在生活经历、知识结构、研究经验等方面受到的限制,甚至还包括研究者的性别、年龄、语言、体力等方面的限制。例如,一个不懂少数民族语言和风俗习惯的研究者,如果选择一个以少数民族成员为研究对象的研究问题,显然其可行性很差。

客观限制是指进行一项研究时受到的外在环境或条件的限制。它包括研究时间不够、研究经费不足、有关文献资料不能取得,所涉及的对象、单位和部门不能给予必要的支持与合作等。

因此,选择研究课题时,必须要把可行性放到非常重要的地位。一项不具备可行性的研究课题是没有什么意义的,最终是一纸空文。

(四)适宜性

适宜性,指的是选择的研究课题是否适合研究者的个人特点。也就是说,研究者对该研究课题是否感兴趣,研究者对与研究课题相关的领域是否熟悉,研究者与所研究的对象之间的相似性程度如何等。适宜性与可行性不同,后者是关于这项研究"能不能做"的问题,而前者则是关于这项研究对研究者来说"能不能做到最好"的问题。也可以说,可行的问题不一定是合适的问题,而合适的问题首先必须是可行的问题。

个人兴趣是帮助和促使研究者选择好研究课题的一个重要因素。在其他条件相同的情况下,研究者应该首先选择自己最感兴趣的课题。在可能的条件下,研究者应该尽量选择与自己所熟悉的领域相关的研究课题。研究者与研究对象之间的相似程度越高,越有利于研究的进行,也有利于研究者对研究资料的分析和理解。

此外,对于个人研究者和初学者而言,选题的标准还应该加上一个"具体性标准"。也就是说,课题的选题应该更小、更明确、更具体。因为相对于一个大而宽泛的课题来说,很可能会超出研究者自身所能承受的时间、精力、经费范围,可行性很差。与其这样,还不如选择一个范围小且具体的课题,严谨规范地完成它,得出一个符合实际情况的结论。

三、课题选择的方式

从根本上说,课题(问题)源自于现实生活和理论发展所蕴涵的种种矛盾,它的产生一般有以下几种方式。

(一)通过比较同一领域多种理论、假说、模式的差异来选择

通过比较同一领域多种理论、假说、模式的差异来选择是产生社会调查课题的一个重要渠道。社会科学中,局限于对象的特殊性、具体性,人们对许多事情很难形成统一的认识。因而,对各种理论、观念、模式产生的原因和优劣等进行比较研究,是社会调查课题选择的重要方式。

(二)通过揭示社会实践和现有理论之间的矛盾来选择

社会实践和现有理论之间的矛盾包括两种不同的表现形式:第一,实践产生了以往理论所没有接触的问题,由此呼唤新的理论。在社会生活中,由于出现一些重大的社会现象和历史事件,进而产生一些以前根本没有遇到而又迫切需要解决的问题。这就要求做出理论方面的解答,而且要提出指导实际行动的方案决策。第二,现实生活与原有理论不一致,实践要求以往的理论做出相应的修正。实践与理论相矛盾的这两种形式往往是并存的。

(三)通过全球视野下对同一社会问题的探寻来选择

放眼全球,不同的国家制度、不同的社会发展阶段,有不同的,也有些共同的社会问题。这些社会问题直接影响着全社会民众的生活。对于这些问题的研究,直接关系到政府政策的制定和实施,有助于科学地、合理地处理人与自然、人与社会的各种关系,保证人民生活幸福,促进社会健康繁荣。

(四)通过分析理论内部出现的矛盾和问题来选择

通过分析理论内部出现的矛盾和问题来选择,这主要包括两个方面:第一,理论内部新的生长点和空白点。第二,理论内部的不一致。凡是具有生命力的理论,必然存在着丰富和发展自身的生长点,抓住这些生长点,就是抓住了新的观点、新的理论产生的关键。

四、课题选择的来源

在人类社会中存在着各种各样的人群、社会关系、社会现象、社会产物、社会心理等,彼此之间相互交织,表现形式丰富多样,可供选择的调查题目非常多。也就是说,课题选择的来源多种多样。

第一,有的选题来自研究者自身的生活经历、体验。

第二,有的选题来自现实社会中的热点现象和焦点问题,这无疑为我们认识社会和改造社会提供了取之不尽、用之不竭的研究课题。例如,费孝通先生从农民致富渠道不畅的弊病中发现并提出了必须重视小城镇建设的课题。他说:"由于落实了正确的政策,农村的农业、副业和工业都出现了新的发展。可是我们发现农村的富裕并不那么稳固。如农民的养兔事业,就随着海外兔毛市场的涨落而波动,一时间家家户户都养起了长毛兔,没过多久又纷纷杀兔吃兔肉。看来农村地区没有一个相当稳定的经济中心,农民的命运就只能操在别人手中,这就提出了小城镇建设问题。由此可见,社会调查的目的,从根本上说是来自社会实践的发展。"①

---

① 费孝通:《社会调查自白》,北京:知识出版社,1985 年,第 9 页。

第三,有的选题来自现实社会中的各种需要,包括研究需要、工作需要、社会发展需要和心理需要等诸多需要类型。

第四,有的选题是研究者留心观察周围的发现。

第五,有的选题甚至来自研究者在阅读相关的学术著作、教科书、报刊文章等文献的时候的灵光一现。通过查阅文献资料,可以了解到围绕某一课题,前人或他人已经研究过哪些问题,研究到什么程度,有哪些领域是空白的或研究得不够,有哪些领域出现了与已有研究不同的新情况、新变化等。弄清了这些情况,不但可以避免重复劳动和无效劳动,还可以保证课题的新意或深度。

第六,有的选题可以向有关领域的专家询问、请教。某一研究领域的专家一般对该领域有专门的研究,对该领域的研究现状也比较了解。所以,向他们请教会得到十分有价值的课题。

五、课题选择的意义

俗话说:"好的开始是成功的一半","选好了问题也就解决了问题的一半"。社会调查也不例外,充分发挥社会调查在实践中的作用,离不开提出问题,甚至可以说,选择确定一个调查的课题,是整个调查研究中的关键环节。如果将课题的作用具体到社会调查自身,其重要意义主要体现在以下几个方面。

(一)明确社会调查的方向

社会调查作为人们认识社会现象的一种自觉活动,这种自觉性首先体现在活动总是为了认识或回答特定的问题,服从于一定的研究目的。它同日常生活中人们对社会的了解有着质的区别。日常生活中人们对社会的了解多为碎片化,不够甚至没有系统性可言,更多的是感性认识。而科学的社会调查研究显然是寻求理性认识,它要通过对社会现象的考察,揭示社会运行的规律,指出社会问题的症结并提出改进社会的方案。因此,它考察什么、研究什么,必须具有明确的目的性和方向性。课题的题目通常就限定了社会调查的目的、任务,即一旦调查题目限定下来,调查范围、调查内容、调查对象其实也就确定了,从而决定了整个调查的方向。对研究者而言,从选择调查课题这一点出发,可以通向社会生活的不同领域,到达不同的目的地。实践证明,课题选择得好,可以迅速取得研究成果;反之,会使研究工作受到影响,甚至半途而废,造成人力、物力、财力的巨大浪费。

(二)决定社会调查的价值与质量

社会调查研究的价值在于对科学进步和社会发展有所贡献。爱因斯坦指出:"提出一个问题往往比解决一个问题更重要,因为解决一个问题也许仅是一个数学上的或试验上的技能而已。而提出新的问题、新的可能性,从新的角度去看旧的问题,都需要有创造性的想象力,而且标志着科学的真正进步。"[1]爱因斯坦的这一论断,也完全适用于社会调查。课题选择,不仅是社会调查研究目的的集中体现,而且是调查研究者的指导思想、观察能力的具体反映。

毫无疑问,调查课题的选择是否恰当直接影响着调查的质量和研究的结果。调查的选题之所以能够影响整个调查的质量,就在于选题本身就能够限定调查的目标、内容、方法、路径等,规定课题所需的各种条件,其中有一个问题处理不好或者某些条件不能满足,都难以保证调查成果的质量。一个高质量的选题,是社会调查取得成功的一个前提和必要条件;而一个质量不高的选题,就相当于从一开始就埋下了失败的种子,不可能取得良好的理论成果和现实效益。

---

① A.爱因斯坦,L.英菲尔德:《物理学的进化》,上海:上海科技出版社,1962年,第62页。

（三）决定社会调查的方案设计和调查实施过程

社会调查的课题不同，则其目的不同、内容不同、对象和范围不同，那么其实现目标的途径、方法、技巧就不同，调查人员的选择、调查队伍的组织、调查工作的安排自然也就不同。社会调查的课题一经提出和确定，便约束着整个社会调查的所有环节及其具体工作，包括调查方案的设计、抽样、问卷设计、资料收集与资料分析方式等。例如，"关于农业产业结构的研究"与"从农民的视角看农民增收问题"的对比，前者的调查方法主要是谈话式、历史数据的收集和比较等，对象和范围主要是各级相关的农业管理部门，调查队伍的组织只要求了解农业产业结构的基本理论并对该课题研究感兴趣；后者的调查方法主要采用的是问卷调查，对象主要是农民，范围是选取经济实力不同的乡镇、村、家庭等，调查队伍必须由经过培训的、懂得问卷设计技巧和技术统计方法的人员组成。

（四）体现社会调查的水平

调查问题提出得是否合适、选题是否得当，在一定程度上反映了研究者的理论想象力、社会见解、专业水平、观察能力等。因此，调查课题的选择能够从一定程度上体现该调查和研究者的水平高低。例如，"某校大学生在校期间的发展问题调查"与"某校大学生在校期间的社会化问题调查"这两个选题的关注点相似，可体现的知识水平有明显差别，相比较而言，后者更能体现一个研究者的功底和调查的水平。一个社会调查研究者，如果缺乏专业理论知识，所选择的课题就没有什么内涵；如果缺乏比较开阔的视野，那么所选的课题可能只是对前人已有的研究成果进行简单重复、罗列，到头来也就是一篇资料汇编；如果缺乏比较敏锐的洞察力和判断力，就可能要么感觉毫无课题可选，要么感觉可选择的课题太多、无从选择。由此可见,研究者在上述哪一个方面有所欠缺,都会反映在他所选择的课题上,从而影响调查的质量和水平。

总之,选择调查课题是社会调查研究最重要的环节,它几乎决定了整个社会调查研究工作的成败。

六、课题的具体化

前面已经提到,对于个人研究者和初学者而言,课题应该是一个明确的、具体的、焦点集中的、切实可行的研究问题。这就必须进行研究问题具体化的工作。只有经过研究问题的具体化工作,研究者才能十分清楚地认识到自己真正想研究的是什么。所谓"研究问题具体化",指的是通过对研究问题进行某种界定,给予明确的陈述,以达到将最初头脑中比较含糊的想法,变成清楚明确的研究问题,将最初比较笼统、比较宽泛的研究范围或领域,变成特定领域中的特定现象或特定问题的目的。[①] 做好研究问题具体化工作,可以把研究者的兴趣和关注点集中到研究领域中的某一具体方面,减少其潜在的、含糊的维度,最终达到研究者所能处理的水平上。

做好研究问题具体化工作,可从以下几个方面入手。

(一)缩小问题的内容范围

要使所研究的问题具体化,可以采取先将宽泛的问题转化为狭窄的问题、将一般性问题转化为特定问题的做法,通过不断缩小问题的内容范围来达到这一目标。一项具体的社会研究,通常只能选择其中的一个方面进行研究。例如,"离婚率升高问题"是

---

① 邢占军,衣芳:《社会调查研究方法》,北京:人民出版社,2010 年,第 38 页。

一个十分宽泛的问题领域,而通过限制和缩小问题的内容范围,将其转化为诸如"2000-2012年间离婚率升高的原因研究"或"离婚年轻化的问题研究"等类似问题。当然,更好的研究问题是进一步缩小问题的范围,突出基本的研究变量后,得到的诸如"新时期婚姻观念与离婚率升高的关系问题研究""近几年黄昏离婚的原因研究"这样的问题。

值得一提的是,在将宽泛的问题转化为狭窄的问题过程中,文献回顾往往可以找到过去研究此问题所没有的新角度、新思维。通过浏览、泛读、精读等方式了解参考文献的主要观点、研究方法、研究思路、研究内容等,并在此基础上总结前人的工作及其得出的结论,并指出其存在的局限性或不足。然后,在弥补前人缺陷不足或填补空白的基础上,提出自己调查的问题。因此,文献回顾并非简单的文献摘要,不仅要有"述",而且要有"评","评""述"结合,才是进行文献回顾之要义,才能更好地帮助研究者实施调查选题。

(二)明确地陈述研究的问题

明确地陈述研究的问题也可以使研究问题具体化。问题的陈述相当于划定了与研究相关的资料范围,从而使得研究者知道必须考察的资料范围,避免时间、精力的浪费。与此同时,这种陈述还在一定程度上帮助研究者更好地选择和确定研究方法。好的问题陈述具有下列两种特征:一是所陈述的问题必须是在研究者的能力范围之内;二是所陈述的问题具体且有价值。

具体而言,对问题进行陈述时可以考虑以下几点。

1.问题陈述必须清楚明白

在对研究问题进行界定、陈述和具体化的过程中,最好能运用变量的语言,采用提问的形式。例如:"三农政策在多大程度上促进了农村经济的发展?""土地包产到户是否与社会化大生产矛盾?"一个常用且有效的提问形式是:"现象(或变量)A 与现象(或变量)B 之间存在什么关系?"

2.问题陈述至少包括两个变量

比如,"跨文化交流短训班是否明显地改善了参与者的跨文化交流能力?""那些经常看,或者有时看,或者很少看电影的人在观看动机上存在着什么样的差别?"这两个问题陈述中,前者包含了"参加培训班与否"与"跨文化交流能力"两个变量,而后者则包含了"看电影的频率"与"看电影的动机"两个变量。只包含一个变量的问题陈述通常为描述性研究的问题。例如,"现今流水线工人薪资待遇究竟如何"只包含了"薪资待遇"一个变量。

3.问题陈述必须是可检验的

问题陈述是可检验的是指所研究的问题必须能够产生多种答案。只有一种答案的问题陈述则是不合格的。前面所列举的例子中,"参加培训班"可能改善了,也可能没有改善参与者的"跨文化交流能力";"看电影的频率"与"看电影的动机"之间可能有关系,也可能没有关系。

总之,每一个社会科学研究者在具体从事一项社会调研课题时,应该养成首先将问题内涵具体化的好习惯,从而保证该项调查的质量和水平以及整个社会调查过程的顺利进行。

第二节　社会调查课题的方案设计

一、课题方案设计的原则

在进行社会调查课题方案设计时,一般应遵循以下几个方法论原则。

(一)可行性原则

可行性是评价调查方案优劣的首要标准。设计调查方案必须着眼于实际情况,只有具备可行性的调查方案才能真正成为调查工作的行动纲领,否则只是一个理想或空想。要贯彻可行性原则,就必须从调查课题的客观需要和调查者的实际条件出发,慎重设计调查方案。例如,调查人员的素质、数量分别决定了调查目标的高低、范围的大小。总之,对调查方案各项内容的设计都必须从实际出发。

(二)简单性原则

简单性就是要使研究系统尽可能简单、经济,把人力、物力运用在恰当之处、要害之处,即所谓的"花钱就要花在刀刃上",防止研究工作偏离既定目标。其具体要求有以下几个方面。

第一,研究的指导思想明确,抓住问题的本质,明确必须解决的问题。

第二,确保收集资料以及处理、分析和解释资料的系统尽可能简化。这意味着研究机构是精悍的、有效的。

第三,列入计划的每一步骤和活动措施都是基本必需的,可有可无的部分必须撤销。

第四,设计语言要准确明了,条理清晰。

(三)实事求是原则

实事求是的原则可以保证社会调查研究计划的严肃性和可操作性。其具体要求有以下几个方面。

第一,对于某个课题在国家和全社会的社会科学研究工作中的地位做恰如其分的估计,不能夸张地评价其理论和现实意义。

第二,采取的方法、手段和步骤与预期目标相适应。社会科学研究涉及人的思想、信仰、习惯等十分敏感的问题,在收集第一手原始资料和数据时,要采取适当的方法和策略,尽量减少冒犯行为和不必要的刺激,确保获得真实可靠的资料。并且要客观对待第二手资料的来源。

第三,资金和时间的分配要合理,与工作量一致,防止虎头蛇尾。研究中的每一阶段都是重要的,设计方案时,防止前松后紧,要留有余地。

第四,对于课题的重点、难点,研究过程各阶段可能出现的困难和问题,要有足够的认识和对策,这是社会调查研究活动得以顺利进行的保证。

(四)时效性原则

时间效果也是设计调查方案时必须充分考虑的因素,特别是一些应用性调查课题往往有很强的时间性。例如,市场需求调查就必须赶在市场需求发生重大变化之前拿出调查成果来,否则就无法对其进行有效的预测。有的社会问题类调查,也应具有时效性,否则事物发展变化得较快,其调查成果的价值就会大大降低。

(五)全面性原则

研究方案设计还应遵循全面性的原则,即多角度、多侧面、多方位的考虑。换言之,全面性是指制定计划时,要考虑研究者、资料、理论和方法的丰富多样化。

首先,研究者的知识要具有全面性,做到专与博的统一。

其次,资料的全面性主要指资料来源的代表意义。制定计划时,要考虑从各种不同的时空环境收集资料。

再次,理论的全面性指要善于从不同理论层次、不同理论境界分析问题,选择正确的指导思想和理论出发点,使理论与实际相结合。特别是在比较研究中,要格外警惕。

最后,研究方法要具有全面性。方法的全面性有两层含义:一是对同一方法或措施的多种灵活运用,二是指各种方法的结合使用。不存在某种方法绝对地比另一种方法好。方法的利用总是因情况、因环境、因问题而定的。

(六)灵活性原则

人们常说:"计划赶不上变化。"在实际调查过程中,总会遇到一些意想不到的情况,特别是在社会调查的实际实施阶段,许多社会环境因素是调查者自己无法预见和控制的。因此,设计调查方案时,对于调查工作的安排就应有一个灵活性的操作,不能把各个环节限定得非常死板,应该留有余地、有一定的调整幅度和弹性。

二、课题方案设计的结构内容

一项具体的社会调查方案应该主要包括以下几个方面的内容。

(一)说明调查目的

社会调查可以满足不同的目的,每一项具体的社会调查的目的也可能有很大区别,一般社会调查有三种基本目的:探索、描述和解释。多数社会调查只有一个调查目的,但有的社会调查的调查目的可能不止一个。这三个目的所涵盖的内容,可以说影响着社会调查方案设计的每一个方面。

1.探索

社会调查最初在某一领域展开研究的时候,多数被作为一种探索性的调查活动。对于某个新的研究内容和研究领域或者研究者本人感到比较陌生的议题,尤其适合以这个目的开展调查。探索性社会调查通常用于满足三类目的:第一,满足研究者的好奇心和想要更加了解某事物的欲望;第二,探讨对某问题进行更细致研究的可行性;第三,发展在后续研究中需要使用的方法。

探索性社会调查在方法上的要求比较简单宽松,它很难或很少圆满地回答调查问题,而多数情况下,只会为解决某些问题提供一些线索。

2. 描述

许多社会调查的主要目的是描述社会现象及社会事物。研究者通过调查,把收集到的有关事物或现象的情况描述出来。由于在此过程中,研究者通常十分谨慎而仔细,采取的方法也更为规范和科学,因此,它所进行的描述比一般性的描述要准确得多。

描述性社会调查的焦点不在于某现象的大致轮廓,也不去解答某种分布为什么会存在这样或那样的特征,而在于回答这种情况是什么样的。比如我国的人口普查和为建立某县的"县志"而展开的调查。

由于描述性社会调查的焦点在于描述总体状况,需要有十分周密的前期准备工作,并要采取严格的随机抽样方法来抽取规模较大的样本,资料收集方式也比较规范,通常以结构式问卷、结构式访问为主,所得的资料一般需要进行定量的统计分析,并将调查结果推广到总体中去。因此,描述性社会调查具有系统性、结构性、全面性的特征。如果说探索性调查只是对现象的一个初步了解,那么描述性社会调查则是对现象全方位的综合了解和系统反映。

3. 解释

社会调查的第三个目的就是解释。而以解释为目的的社会调查更关注"为什么会如此"等问题。也就是说,社会调查还经常地被用来说明社会现象发生的原因,探索社会现象的发展趋势,揭示社会现象之间的相互关系,进而了解不同社会现象之间的因果联系。因此,解释性社会调查涉及的变量相对要更多、更复杂,因而理论色彩更为浓厚,常常需要进行变量之间关系的理论假设。它通常在某种理论框架下,根据需要按照随机的原则抽取样本,样本的规模介于描述性社会调查和探索性社会调查所要求的样本数之间,可以使用结构式问卷或通过结构式访谈收集资料,并用更为复杂的分析方法分析资料,常常需要运用双变量和多变量的统计分析,得到的结果也要推广到总体中去。

实际上,对社会调查目的所做的划分是相对的。例如,在现实的社会调查中,描述性社会调查可以有解释某种现象的目的,解释性社会调查也可以用于描述状况,但其在目的上更侧重于解释。

表 2-1 是对上述三种不同目的的社会调查类型的特征的总结。

表 2-1　三种不同目的的社会调查类型的特征[①]

项目	探索性社会调查	描述性社会调查	解释性社会调查
对象规模	小样本	大样本	中样本
抽样方法	非随机抽样	随机抽样	随机抽样
资料收集方式	参与观察、无结构访问	问卷调查、结构式访问	问卷调查、结构式访问等
分析方法	主观的、定性的	定量的、描述统计	定量的、推论统计
主要目的	形成概念和初步印象	描述总体状况和特征	解释现象间的因果关系
基本特征	设计简单、形式自由	内容广泛、规模很大	设计复杂、理论性强

[①]　谭祖雪等:《社会调查研究方法》,北京:清华大学出版社,2013 年,第 35 页。

（二）说明分析单位

分析单位是一项社会调查中的研究对象，是将被分析和描述的对象。分析单位是用来考察和总结同类事物特征、解释其中差异的单位。分析单位类型主要有：个体、群体、组织、社区、社会产品。从表面上看，分析单位似乎是难以捉摸的，因为社会调查通常研究人或事的大集合，所以在分析单位和总体之间做出区分是很重要的。

1. 个体

个体是社会调查中最常见的分析单位类型，我们通常通过个体来描述和解释社会群体及社会关系。在社会调查中，任何个体都可以成为分析单位，但在实践中，研究者很少去研究所有人群，而是以针对某一地区、某一类人群的研究为主。研究者以这些人群为研究对象，试图探索、描述或解释不同群体中的个体的行为如何发生时，其分析单位始终还是个体。由此也可以看出，在描述性社会调查中，将个体作为分析单位的目的是描述由个体组成的群体，而解释性社会调查的目的是发现群体运动的社会动力。作为分析单位，个体被赋予了社会群体成员的特性。在社会调查中，分析单位都是个体，而不是群体，研究者汇总了这些个体，并对个体所属的总体进行了概括化。

2. 群体

所谓群体是指人们按一定关系所结成的有共同生活活动的稳定集体。在社会调查中，社会群体本身也会成为分析单位。常见的以群体为分析单位的类型有家庭、帮派、社团、邻里、班级等。以社会群体作为分析单位进行研究和以群体中的个体作为分析单位进行研究是有区别的。例如，要通过独生子女家庭去研究独生子女的社会适应问题，这时的分析单位是独生子女、是个体；但如果要通过独生子女与非独生子女在行为、态度等方面的差异的考察来了解独生子女家庭和非独生子女家庭的差异,那么,分析单位是家庭本身。

和以个体作为分析单位类似,以群体作为分析单位时,我们可以根据群体中的个体属性来划分群体的属性,群体的特征有时和个人特征有关。但是在更多的情况下,群体的特征和个人的特征有很大的不同。例如,我们可以用家庭的一些特征来描述家庭,但却不能用同样的特征去描述家庭中的个人。

3. 组织

这里的组织主要是指正式的社会组织。正式社会组织也是社会调查的分析单位,社会组织是人们有意识地建构起来的以完成特定目标的社会群体,它具有以下特征:组织目标的特定性而非综合性、组织内社会关系的功利性而非情感性、组织内互动形式的规范性而非随意性、组织结构的合理性而非非理性。企业、机关、学校、超市、医院等,都是常见的以组织为分析单位的类型。

4. 社区

社区即在一定地域内的人们的生活共同体,它也可以作为社会调查中的分析单位。无论是乡村、城市,还是街道、集镇,我们都可以用社区人口、社区地域、社区文化、社区管理机构等特征对它们进行描述;也可以通过分析社区不同特征之间的关系,来解释和说明某些社会现象。以社区为分析单位时,研究者可以从社区内的个体中收集资料,但这些资料的集合不是为了说明个体,而是为了研究社区现象。

5. 社会产品

社会调查的分析单位还可以是各种类型的社会产品,如社会制度、社会关系、社会行为等。社会产品可以包括人类行为或人类行为的产物,如物质实体的汽车、房子、书本等;也可以包括一些很宏观的、抽象的社会产物,如文化传统、民间习俗等;还可以包括一些社会互动,如跳舞、聊天室讨论等。在这些情况下,虽然研究者也可能寻找个体收集资料,因为个体是很多社会产品的直接参与者,但是这些个体并不是研究对象。也就是说,研究者寻找个体收集资料是为了研究社会产品。

因此,在设计调查方案时,对调查工作的安排通常需要预留一定的调整幅度。所以,虽然绝大多数社会调查都只有一个分析单位,但也存在在一次社会调查中同时使用两个或多个分析单位的现象。在这种情况下,做研究时的分析单位和做结论时的分析单位应该保持一致,否则就会导致分析单位的错误推理,即区群谬误或简化论。区群谬误又称为"层次谬误""区位谬误"或体系错误,它指的是在社会调查中,研究者用一种以区群为单位的分析单位做研究、而以一种非区群的分析单位做结论的现象①。例如,研究发现越穷的村庄生育率越高,但不能认定村庄的贫穷是由于村里穷人生孩子多造成的,因为村里相对较富裕的人也许生了更多的孩子。

简化论指的是研究者用个体层次的资料来解释宏观层次的现象②。在这种情况下,研究者通常用一组特别的、狭窄的概念来看待和解释所有事物,忽视了本身就复杂的各种事实。"简化论"下的解释不一定是完全错误的,只是很狭窄、很片面。任何类型的简化论都倾向于认定某一分析单位或者变量比其他因素更重要或更相关。实际上,用任何一种单一的分析单位都无法对某个问题做全面的解析。由此可知,研究者在做研究的时候,甚至在研究之前,应该针对具体课题进行分析单位的确定,以避免出现区群谬误或者简化论的错误。

---

① 谭祖雪等:《社会调查研究方法》,北京:清华大学出版社,2013年,第40页。
② 谭祖雪等:《社会调查研究方法》,北京:清华大学出版社,2013年,第41页。

(三)说明抽样方案

说明抽样方案是调查方案中十分重要的一个环节,是需要详细说明的内容。具体的社会调查抽样方案是结合课题自身的目的和要求、调查者的主客观条件、现实状况等方面,综合选择并制定出来的。

(四)说明研究的方法和手段

说明研究的方法和手段,就是说明采用何种方法进行调查,并说明处理、分析和解释资料的相关理论原则及方法等。

(五)说明资料的收集方式与分析方法

在社会调查中,常用的资料收集方法有问卷调查法、访谈法、观察法等。对于资料的分析方法,在探索性社会调查中一般采用定性分析法,在描述性社会调查中一般采用描述性的统计分析法,在解释性社会调查中一般采用双变量或多变量的统计分析方法。

(六)讨论整个研究过程的实际步骤

讨论整个研究过程的实际步骤需要讨论每一工作阶段的任务和期限,每一研究人员的工作范围和任务,各阶段各方面的负责人,研究结果的形式和要求,所需财力、物力及开支预算等的计划与安排。此外,在讨论时还需要注意以下几方面。

第一,对于一项规模较大的调查课题来说,往往需要通过很多研究者共同努力才能完成,同时还会涉及挑选、管理、培训调查员的问题。因此,在调查方案设计中,还应该对调查课题的组成

人员进行说明，

第二，一般来说，在调查方案计划中应该提供一个调查时间表，以说明调查的不同阶段如何进行、时间如何安排。对每个阶段分配的时间要合适，还要留有一点余地。

第三，在调查方案中还应该提供一个经费计划，大型调查所涉及的经费项目通常有：器材、通信、车旅交通、住宿饮食、礼品、办公用品、打印复印、计算机和其他开支等。

总之，如果说课题选择和研究方案的制定是社会调查研究工作的初始环节，是社会调查研究设计的前提，那么只有在这个环节做足工夫，才能够保证社会调查研究建立在坚实的基础之上，不会出现大的偏差。

第三章　问卷设计研究

　　问卷是收集量化的反映社会现象资料的过程中的一个关键环节,也是整个社会调查的难点之一。用问卷调查法收集资料是调查者以问卷为中介进行的,问卷是调查者收集资料的关键性工具。因此,问卷设计的好坏直接影响着整个资料的真实性和可靠性,进而影响着调查的质量。

第一节　问卷的分类

　　"问卷是社会调查中用来收集资料的一种工具,一种类似于体温表、测力器、磅秤、米尺那样的工具。只不过与这些工具不同的是,问卷在形式上是一份精心设计的问题表格,而其用途则是测量人们的行为、态度和社会特征的,它所收集的则是有关社会现象和人们社会行为的各种资料。"[1]根据一定的标准,可以将问卷分为不同的类型。

---

[1]　风笑天:《现代社会调查方法》(第4版),武汉:华中科技大学出版社,2009,第122～123页。

一、根据问卷调查是否由被调查者自己填答进行分类

根据问卷是否由被调查者自己填答,可以将问卷分为自填问卷和代填问卷两种类型。

(一)自填问卷

自填问卷通常是用邮局传递、报刊发行、派人送发等方式将问卷交到被调查者的手中,被调查者亲自填写这份问卷,填写完之后再返回到调查者手中的一种调查方式。因此,根据不同的发送方式,可以将自填问卷分为邮寄问卷、报刊问卷、送发问卷三种类型。

1. 邮寄问卷

邮寄问卷是指调查者将设计好的问卷通过邮局寄发给选定的调查对象,被调查者在按照要求填答好后,在规定的时间内将问卷寄回给调查者。为了提高邮寄问卷的回复率,调查者一般都在邮寄问卷时,寄一个写好返程地址并贴着邮票的信封,有的还附有纪念卡等精美的小礼品。邮寄问卷目前在国外用得较多,而在我国则较少使用。这种调查问卷具有自己的优点和缺点。

(1)优点。

邮寄问卷省时、省力、省钱,有利于控制发卷的范围和对象,也有利于提高被调查者的代表性。

(2)缺点。

邮寄问卷虽然具有一定的优点,但其也存在一定的缺点或者说局限性,这主要表现在以下几方面。

第一,问卷的回收率难以保证。

第二,获得被调查样本的姓名、性别、年龄及邮寄地址等信息很困难。

2. 报刊问卷

报刊问卷是指随报刊传递分发的问卷,其内容一般印制在报刊上或作为附页夹在报刊内。该种形式的问卷号召报刊读者对问卷做出书面回答,然后在规定的时间内将问卷寄回。这种调查问卷具有自己的优点和缺点。

(1)优点。

报刊问卷以广大读者为调查对象,有稳定的传递渠道,分布面广,匿名性强,又能节省费用和时间,因而有很大的适用性。

(2)缺点。

报刊问卷也有一些明显的缺点,主要表现在以下几方面。

第一,调查对象的代表性差,非读者的意见无法反映。

第二,报刊问卷的回复率很低。

3. 送发问卷

送发问卷是指调查者派人或亲自将问卷送到选定的调查对象手中,被调查者填答完毕后,再由专人收回问卷。它又可分为个别发送和集中填答两种方式。

(1)个别发送。

个别发送是指调查者根据抽样的情况将问卷逐个送到被调查者的手中,同时向他们说明该调查的目的和意义,并请他们当场填答或者约定收取时间、地点、方式等。这种调查问卷具有自己的优点和缺点。

优点:

个别发送的优点主要表现在以下几方面。

第一,比较节省时间、经费和人力。

第二,能保证一定的匿名性,从而保证问卷的回收率和有效回收率。

第三,调查者可以向被调查者解释和说明调查目的与填答要求,回收时可以检查填答质量。

第四,被调查者有比较充分的时间对问卷进行阅读和思考,还可以在方便的时候进行填答。

缺点:

除了优点外,个别发送也存在一定的缺点,这些缺点主要表现在以下几方面。

第一,调查范围较窄。

第二,调查人员不在场时,很难保证问卷是否是由被调查者独立完成。

(2)集中填答。

集中填答是指通过一定的形式将被调查者集中起来,然后每人发放一份调查问卷,接着由调查者统一对其讲解调查的目的及意义等,然后由被调查者认真填写调查问卷,填写完之后由调查者进行统一收回。调查者也可以采用投入问卷回收箱的办法将问卷收回,这样有利于消除被调查者的心理顾虑。这种调查问卷具有自己的优点和缺点。

优点:

集中填答的优点主要表现在以下几方面。

第一,比个别发送法更加节省调查时间、人力和费用。

第二,问卷回收整齐、迅速,回复率高,而且,调查者方便解答被调查者在填答问卷过程中所遇到的问题,从而有利于了解和分析影响问卷填答的原因。

缺点:

除了优点外,集中填答也存在一定的缺点,即调查样本的集中比较困难。

(二)代填问卷

代填问卷又称访问式问卷,是指调查者根据统一设计的问卷向被调查者当面或者通过电话提出问题,然后再由调查者根据被调查者的口头回答来填写问卷的一种方式。因此,根据访问方式的不同,可以将代填问卷分为当面访问问卷和电话访问问卷两种类型。

1. 当面访问问卷

当面访问问卷是指调查者根据统一设计的问卷当面对被调查者提出问题,之后根据被调查者的口头回答来填写问卷的一种形式。这种形式的调查问卷具有自己的优点和缺点。

(1)优点。

当面访问问卷的优点主要表现在以下几方面。

第一,便于选择调查对象和控制访问过程。

第二,有利于灵活使用各种访问方法和技巧。

第三,有利于对回答结果做出正确分析和评价。

第四,回复率高、有效率高。

(2)缺点。

当面访问问卷也有一定的缺点,主要表现在以下几方面。

第一,比较费时、费力、费钱。

第二,政治敏感问题和私人问题等都不宜当面询问。

第二,调查者必须具备很好的专业素质,被调查者的态度以及调查者与被调查者之间的彼此印象和关系等都直接影响访问的结果。

2. 电话访问问卷

电话访问问卷是指调查者根据统一设计的问卷通过电话的形式向被调查者进行访问,然后根据被调查者的口头回答来填写问卷的一种形式。这种形式的调查问卷具有自己的优点和缺点。

(1)优点。

电话访问问卷具有一定的优点,主要表现在以下几方面。

第一,电话访问的速度快、效率高。

第二,比入户调查的费用低。

(2)缺点。

除了优点外,电话访问问卷也存在着一定的缺点,这些缺点主要表现在以下几方面。

第一,被调查者的拒绝率比较高。

第二,调查内容不能多,只能就简短的问题进行专题调查,否则时间太长容易引起被调查者的厌烦感。

二、根据问卷中问题的结构进行分类

根据问卷中问题的结构,可以将问卷分为结构问卷和无结构问卷。

(一)结构问卷

结构问卷是调查者根据研究目的、理论假设等把设计的问题有规则地排列起来,其中每个问题的提问方式、措辞以及供选择的答案都已做了明确规定,并且各个问题之间存在着内在的逻辑关系和较强的顺序性。在结构问卷中,被调查者可根据自己的情况,在其中选择认为恰当的答案。这种形式的调查问卷具有自己的优点和缺点。

1. 优点

结构问卷的优点主要表现在以下几方面。

第一,由于结构问卷的问题具体、回答简单,所以被调查者不需要花很多时间来完成问卷,问卷的回收率和可信度也比较高。

第二,由于结构问卷中的回答是统一格式的,所以收集的数据资料便于统计分析,对于不同被调查者的回答易于进行对比。

2. 缺点

结构问卷也具有一定的缺点，即由于结构问卷是一种限制性的问卷，被调查者只能按照调查者的设计，在预先编制的几种答案中选择自己认为比较准确的一种，所以，被调查者不能完整、深入地进行回答，也就难于表达其独特的观点和看法。

(二)无结构问卷

无结构问卷中问题的提问方式、措辞、表述形式以及提问顺序等都没有硬性规定或预先规定，而只是根据研究目的限定了调查方向、询问内容。在无结构问卷中，问题虽然是统一的，但未事先列出任何选择答案，被调查者需要根据自己的情况自由回答，因此也被称为开放式问卷。这种形式的调查问卷具有自己的优点和缺点。

1. 优点

无结构问卷的优点主要表现在以下几方面。

第一，由于无结构问卷的限制较少，所以被调查者可以自由回答，这样有利于调查者获得更多丰富的资料，从而能够进行更深入的研究。

第二，被调查者在回答时能够发挥自己的主动性和创造性，认真对待问卷中的问题。

2. 缺点

结构问卷也具有一定的缺点，即由于无结构问卷的回答没有统一的格式，因而难以进行定量分析和对比分析，有时所收集的数据资料还可能与研究的问题无关，从而影响调查效果。

第二节　问卷设计的原则、步骤与意义

一、问卷设计的原则

问卷设计是根据研究的目的，将所要研究的问题具体化，以便被调查者进行回答和做进一步的分析。可以说，问卷设计的好坏对研究的成败具有决定性的影响，因此，问卷的设计一定要科学、有效。为了做到这一点，就要求问卷设计遵循以下几条基本原则。

（一）客观性原则

客观性原则是问卷设计必须要遵循的重要原则，具体来说，这一原则主要体现在以下几方面。

第一，问卷设计中的问题应该保持中立，而不能带有个人倾向及诱导暗示的成分。例如，在设计"是否吸烟"这一问题时，一般会问"请问你抽烟吗？"而不应问"你抽烟，是吗？""抽烟是有害的，所以你不抽烟是吗？"因为后面这两种提问明显带有个人倾向和诱导暗示的成分，不中立。当被问到这种带有个人倾向及诱导暗示的问题时，许多人往往会因为某种原因而选择与自身实际不相符的答案，从而对调查结果会产生消极的影响。

第二，在设计问题时要避免出现权威人士或机构的名称，更不要直接引用他们的原话或意思，如"十八届三中全会决定实施'单独二胎'政策，你拥护吗？"对于这类问题，被调查者通常难以做出否定的回答，这样就会影响调查结果的准确性。

(二)准确性原则

准确性原则是指问卷设计中的问题一定要表述清楚准确,切忌使用模棱两可、含糊不清或者容易产生歧义的词语或者概念。尽量避免使用"好像""也许""大概"等含糊不清的词语。

(三)简练性原则

简练性原则也是问卷设计应该遵循的一个重要原则,这一原则要求问卷设计必须要简短、清晰,通过最简练的话语表达清晰的内容。问卷调查的实践表明,问卷设计得越简短、精炼,回答问题的有效率就越高,因为如果问卷设计得较为冗长和繁琐,那么就容易引起被调查者的反感,从而使其不会认真对待问卷中的问题,调查者也就不能通过他们的回答得到有效的调查结果。由此可以看出,问卷设计者一定要遵循简练性的原则。

(四)逻辑性原则

问卷设计也要遵循逻辑性原则,具体来说,这种原则主要体现在以下几方面。

第一,问题的编排顺序要具有一定的逻辑性,要与被调查者的逻辑思维相符合。这样一方面能使收集的资料具有逻辑顺序,从而有利于后期的分析研究,另一方面也有利于被调查者认真填写问卷,从而提高问卷的有效性。

第二,问卷设计要有一定的整体感,这种整体感既指每一个问题本身不能有逻辑上的错误,也指问题与问题之间要有一定的逻辑性,从而使问卷成为一个相对独立的小系统。

(五)针对性原则

针对性原则是问卷设计应该遵循的重要原则,具体来说,这一原则主要体现在以下几方面。

第一,问卷中所提的问题必须是符合当前实际情况的,且具有一定的时效性,避免提一些过时的问题。例如,"你认为2008年的高考作文难写吗"等都属于过时性的问题。

第二,问卷中所提出的问题一定要较为具体,有针对性,不能太笼统或太抽象。例如,"你认为当前人们的素质怎样""你认为你所在单位的福利待遇怎样""你认为当前大学生的价值观怎样"等都属于太笼统或太抽象的问题,没有针对性。对于这些问题,被调查者往往不知如何进行回答,有时即使回答了,也是无法进行科学分析的,会致使问卷调查结果的有效性大大减弱。

第三,问卷中所提出的问题应该是被调查者有能力回答出来的问题,凡是被调查者不能回答或者回答有困难的问题都不应该提出。例如,"请问你的年均消费是多少""请问你第一次参考培训是什么时候",这些问题都属于较难回答的问题,如果在问卷中出现了许多这种问题,会大大地影响问卷调查的质量。

第四,问卷中所提出问题的含义要单一,不能把两个或者两个以上的问题合在一起进行提问。例如,"你父母对你的将来是怎么打算的""你的父母对你的一些选择持有怎样的态度",这些问题明显都是将多个问题合在一起进行提问,对于这些问题,被调查者往往也是很难进行回答的,因为父亲和母亲是两个人,他们可能会有不同的观点。

(六)必要性原则

问卷设计的必要性原则是指问卷设计的问题对整个研究来说是必要的、有用的。如果所涉及的问题过于简单,那么就无法达到调查的最终目的；而如果所涉及的问题过于繁琐，同样会影响问卷调查的质量，调查的结果也是不准确的。因此，为了保证问卷的有效性和准确性，问卷设计一定要遵循必要性的原则。

(七)亲切性原则

问卷设计的亲切性原则是指问题在表述用语上切忌生硬，具体来说，这种原则主要体现在以下几方面。

第一，问卷设计中所提的问题应该有一定的顺序，即应该首先提出一些被调查者认为较为简单和比较熟悉的问题，然后再提出一些较复杂的问题。

第二，问卷设计者在设计问题时一定要站在被调查者的角度进行考虑，要消除被调查者的一切顾虑和紧张情绪。例如，在设计调查问卷的前言时，语气一定要随和，要声明问卷的匿名性，使其明白回答问卷对被调查者的工作和生活不会造成不良影响等。

第三，问卷中所提出的问题不应该涉及被调查者的隐私或其他禁忌问题，这样既可以避免被调查者回答时出现尴尬，也有利于提高问卷的有效性。

(八)计划性原则

问卷的设计是根据研究目的确定问卷内容、项目以及提问和回答方式的科学性工作。所以，在设计问卷之前，应当明确问卷的设计步骤，保证每一个步骤的实施合乎设计要求，从而设计出一份信度和效度都较高、符合客观实际，并能取得研究对象合作的问卷。

(九)通俗性原则

通俗性原则是指问卷设计中的问题应尽量使用通俗性的语

言,而不使用专业术语或者较为抽象的概念。例如,"你每天批发蔬菜的成本是多少""你家有几位育龄妇女"等这些问题都不能体现通俗性的原则,因为这些例子中的"成本""育龄"不通俗易懂,一些文化水平较低的被调查者可能会不理解这些词语的意思,以致他们无法正确回答问题,即使回答了,也可能无法反映真实的情况,调查者也就可能不会获得较为真实的信息。

(十)目的性原则

目的性原则是指设计的问题必须紧紧围绕调查研究的目的来进行,不能枝蔓横生。例如,在调查农民的生活状况时,如果出现了"你对本村村长工作的评价"之类的问题,就脱离了调查研究的主题。

(十一)自愿性原则

自愿性原则是指设计问题必须考虑被调查者是否自愿真实回答。凡被调查者不可能自愿真实回答的问题,都不应该正面提出。例如,"你是否有家庭暴力倾向""你是否吸过毒?"等。对这类问题,被调查者一般都不可能自愿作出真实回答,所以不宜正面提出。

二、问卷设计的步骤

问卷设计是经过一系列的步骤才得以最终完成的,具体来说,问卷设计需要经过以下几个步骤。

(一)前期探索

前期探索是问卷设计的第一步,是整个问卷设计的基础,同时也是决定问卷是否有效的重要前提。

1. 前期探索的展开

前期探索工作是基础性的工作,在进行这一工作时,调查者必须要搜集大量的资料,并且对这些资料进行整理,进而提出问题的研究假设。然而,研究假设的验证需要采用可操作性的方式,最常见的方式就是调查者围绕所要研究的问题进行访谈。

(1)访谈的对象。

访谈的对象是各种类型回答者的典型代表,通过他们的回答来总结有效的信息。

(2)访谈的内容。

访谈的内容是向各类被调查对象就研究设想、封面信的设计、问题的表达、问题的数量与次序、问题及答案的适当形式,以及如何减少拒答率等方面征询意见,了解他们对问卷中所提问题和答案的建议与反应。

(3)访谈的意义。

在访谈过程中,如果调查者所提出的问题是含糊的或抽象的,回答者就会提出疑问,或者做出文不对题的回答。遇到这样的情况时,调查者就应该多加注意,重新对问题和答案的表达进行分析,并加以修改和完善。

2. 前期探索的作用

前期探索的作用主要表现在以下两个方面。

(1)有利于提高设计问题的合理性。

由于设计者对所研究的问题很熟悉,因而在问卷设计过程中,有时很难站在不同层次、不同水平被调查者的角度考虑问题。因此,难免会出现含义模糊且不符合客观实际的问题和答案。而前期的探索性工作对于防止这种情况的出现、对于设计问题的合理性有着极大的帮助,如前面已经提到的访谈,前期探索通过这种形式就可以大大提高设计问题的合理性。

（2）有利于调查者把自由回答的开放式问题转变成多项选择的封闭式问题。

调查者在设计封闭式问题时，常常很难把所有可能的答案想全，所以需要对各类回答者的典型代表进行访谈，通过询问和交谈，可以得到更多可能的答案。这样，调查者可以用这几种主要的答案作为该问题中可供选择的答案，再加上一个"其他"类，就构成了问卷中的一个封闭式问题。

（二）设计问卷初稿

在前期探索的基础上，调查者就可以根据所收集到的资料，按照一定的原则来设计问卷的初稿。具体来说，调查者设计问卷初稿的方法主要有卡片法和框图法两种。

1.卡片法

卡片法实际上是利用卡片的形式来设计问卷初稿的一种方法。这种方法主要包括以下几个步骤。

第一，根据设计者在前期探索中的印象、认识或记录，把所得到的问题及答案逐一写在一张张单独的卡片上，每张卡片仅写一个问题及其答案。

第二，按照卡片上问题的主要内容，把卡片分成若干份，即把属于询问同一类事物或事件的问题放在一起。

第三，按照日常询问的习惯和逻辑，将每一份卡片中的问题进行排序。

第四，根据整个问卷的逻辑结构以及调查对象的接受心理，排出各卡片之间的前后顺序，使全部卡片连接成一份完整的问卷。

第五，从回答者阅读和填答问卷是否方便、是否会对回答者的心理造成影响等角度，反复检查问题的前后连贯性和逻辑性，然后根据问卷设计的基本原则和基本要求，对每一个具体问题仔细推敲,对不当之处逐一调整,也可补充一些新的问题。

第六,把调整好的问题依次写到纸上,问卷初稿就形成了。

总体来说,卡片法是从具体问题开始,然后到部分,再到整个问卷整体。采用卡片法,思路自然,修改方便快捷,特别是在调整问题相互间的顺序和修改问题方面十分方便;但其缺点是在第一阶段写具体问题时,由于缺乏总体结构,所以常常会漏写某些方面的问题。

2. 框图法

框图法是从总体结构出发,采用图解的方式,将总体划分为几个部分,再将各部分细分出若干个具体的问题,从而形成问卷的整体的一种方法。这种方法主要包括以下几个步骤。

第一,根据研究假设和所需资料的逻辑结构,勾画出整个问卷的各个部分及前后顺序的框图。

第二,分别从回答者回答问题是否方便、是否会形成心理压力等方面反复考虑这些部分间的连接和前后顺序,从而选择一种最佳的方案。

第三,在另外若干张纸上分别具体地写出每一部分中的问题及答案,并安排好它们在该部分中的形式和先后顺序。

第四,从总体上对全部问题的形式、前后顺序等方面进行修订和调整,直到满意后再将其抄写在另一张纸上,从而形成问卷的初稿。

总体上来说,框图法是先从总体开始,然后到部分,最后到具体问题。采用框图法,逻辑性强,在安排问卷各个部分的顺序和逻辑结构方面比卡片法容易,但有时候显得灵活性不够,特别是对设计者的素质要求较高。

根据上述分析可知,卡片法和框图法都存在一定的优缺点,所以在设计问卷初稿时最好将其结合起来使用,具体来说,可以按照以下步骤进行。

第一,根据研究假设和所测变量的逻辑结构,列出问卷各个部分的内容,并安排好它们的前后顺序。

第二,按不同部分将在前期探索中所得到的问题及答案分别写在每张卡片上。

第三,在每一部分中安排卡片之间的结构并调整其前后顺序,并按总的结构将各部分卡片首尾相接。

第四,从便于回答、减少心理压力等方面对各个部分的卡片进行反复检查和调整。

第五,将调整完毕的题目成文,附上封面信等有关内容,这样,问卷的初稿就形成了。

(三)试用并修改问卷

问卷初稿设计完之后,不宜直接用于正式调查,这是因为大量的调查问卷一旦发出,一切潜在的缺陷和错误都将无法弥补与纠正,将直接影响调查资料的准确性和有效性,因此,问卷初稿设计出后必须要经过试用和修改才能将其正式投入使用。进行问卷初稿试用是十分必要的,它不仅能够检验出措辞不当、意义不明确、指导语不当等问题,而且还能对一个问题是否具有区分度、敏感性等进行很好的检验。经过试用和修改,一份正式的调查问卷就形成了。

需要说明的是,由于问卷初稿试用的目的在于检查问卷的质量,所以试用的对象应当与所要研究的对象是同质的。通常可以通过客观检查法和主观评价法两种方法来试用问卷初稿。

1. 客观检查法

客观检查法是直接面对可能的调查对象进行小范围测试的一种方法。这种方法的具体操作步骤包括以下几方面。

第一,将已经设计好的问卷初稿打印若干份。

第二,从符合正式调查条件的群体中选取一部分进行测试。将打印好的初稿按正式调查的要求和方式发放。这样,在正式调查时将要遇到的问题,通常也会在试测中出现,从而在客观上起到了对问卷设计工作进行检查的作用。

第三,在被调查者答完问卷后,调查者将其回收,然后认真检查和分析调查的结果,对于从中发现的问题进行修改。其中,调查者主要应对以下几方面进行检查和分析。

其一,回收率。在某种程度上,回收率可以看成是对问卷设计的总体评价。它又可以分为总回收率和有效回收率两大要素。如果总回收率较低,那么就说明问卷设计上存在较大的问题,必须作较大修改,甚至完全重新设计。有效回收率是指除掉各种废卷后的回收率,它比一般的回收率更能反映出问卷本身的质量。这是因为收回的废卷越多,说明回答者填答完整的就越少,也就意味着问卷初稿中的毛病较多。例如,某一问卷的回收率较高,但其中一半没填,明显乱填乱写、个人所有背景资料都未填的问卷也占了很大一部分,那么就说明问卷设计中存在较大的问题。

其二,填答差错率。填答差错率主要反映问卷在填答方面的质量,通常来说,填答差错率又表现为以下三种情况。

一是填答不完整。如果问卷中有几个问题普遍没有被回答,那么就要仔细检查这几个问题,分析出被调查者没有填答的原因。如果是从某一问题开始,后面部分的问题都没有填答,那么,极有可能是前半部分的问题太难回答,或太花费时间,导致被调查者不愿继续填写下去;也有可能是中断部分前后几个问题难以回答,使回答者"卡壳",从而放弃继续填写。因而,一定要找出中断的原因,从而修改问卷结构。

二是填答方式错误。填答方式错误是指被调查者在填答方式上存在的错误,出现这种错误原因可能往往是由于问题形式太过复杂或者不清楚造成的。如果填答方式错误较多,那么就要检查问题的形式是否过于复杂或指导语是否明确。

三是填答内容错误。填答内容错误是指被调查者"答非所问"。出现这种错误的原因往往是被调查者对问题含义的不理解或误解。如果填答内容错误多,那么就要仔细检查问题的用语是否准确、清晰,含义是否明确、具体。

2.主观评价法

主观评价法主要是面向专业人士以及一些典型的被调查者并听取他们的评判和意见的一种方法。这种方法直接依靠人们对问卷本身结构、问题、答案等的主观评价。

主观评价法的具体做法是,将设计好的问卷初稿抄写或者复印成若干份,分别送给该研究领域的专家、研究人员以及典型的被调查者,请他们直接阅读和分析问卷初稿,并根据他们的经验和认识对问卷进行评论,指出不妥之处。调查者从中分析并适当地加以吸收。例如,我们要进行一项关于高校教育方式问题的调查,那么我们在设计好调查问卷后,就可以采用主观评价法对其进行试用,我们可以将复印好的问卷分别送到各大高校相关人员手中,请他们从各自的角度对问卷中的问题进行评价和检查,并且提出他们的具体意见。

需要指出的是,在实际的社会科学研究中,除了一些小型问卷调查采用主观评价法外,大部分的问卷调查往往采用客观检验法,还有一些调查同时采用这两种方法。

(四)问卷定稿和印制

根据上述方法找出问卷初稿中所存在的问题后,调查者应逐一对问卷初稿中的毛病进行认真分析和修改,最后才能定稿。只有经过了试用和修改,并对校样反复检查后,才能把问卷送去印刷,在印制的过程中也需要非常地仔细。无论是版面安排上的不妥,还是文字上、符号上的印刷错误,都将直接影响到最终的调查结果。

三、问卷设计的意义

问卷设计是问卷调查过程中十分关键的一环,具有非常重要的意义。

(一)问卷设计的好坏直接影响调查结果的有效性

问卷设计的好坏对调查结果的有效性有着重要的影响,这主要表现在以下两方面。

第一,问卷设计的目的是为了调查,而调查的目的则是为了分析和研究各种社会中的现象。要想使调查的目的得到较好地实现,问卷设计中的问题必须科学、有效。调查问卷中问题的结构既反映了调查者的理论命题,也反映了调查者对人们行为的因果解释。因此,对于某个特定的研究课题来说,对其进行调查研究往往既不能缺少某些必要的资料,也不必收集许多与研究无关的资料。缺少必要的资料,则分析工作无法进行,从而难以得出结论,但如果与研究课题无关的资料太多,则既浪费了大量的人力、物力,也给资料的整理和分析带来许多不必要的麻烦。这就要求问卷的设计一定要合理。

第二,调查问卷的设计反映着研究中对统计分析方法的运用,反映出调查所得的资料描述总体特征、推论总体状况的能力。因而,如何根据调查的目标、围绕调查的内容、有针对性地设计出恰当的问卷,是调查者设计问卷时需要考虑的重要方面。

(二)问卷设计的好坏直接影响调查结果的准确性

在问卷设计时如果不考虑如何调动被调查者的积极性和主动性,不考虑问卷中的问题会给被调查者带来哪些心理反应,不考虑被调查者的现实生活背景和各种能力,那么在实际调查中就必然会出现各种不符合调查者的目的和要求的结果,必然会出现许多明哲保身的回答、投其所好的回答、敷衍搪塞的回答等。这样,调查者所得到资料的真实性就很小,其结论也就必然会与现实生活相差甚远。

第三节 问卷的结构与问题的编制

一、问卷的结构

问卷的结构通常包括封面信、指导语、问题及答案、编码以及其他资料。

(一)封面信

问卷的封面信就是一封写给被调查者的短信,下面主要对这封短信的位置、作用、写作要求以及内容等进行简要阐述。

1. 封面信的位置

封面信一般放在问卷第一页的上面,也可单独作为一封信放在问卷的前面。

2. 封面信的作用

问卷中的封面信具有重要的作用,其具体包括以下两方面。

第一,通过封面信可以向被调查者介绍并说明调查者的身份,调查的目的、意义和方法等内容,这样有利于取得被调查者对接受调查的信任,使得被调查者愿意配合调查,从而有利于保证问卷调查的有效性。

第二,通过封面信中对课题的介绍和说明,能够使被调查者了解课题的基本信息和接受调查的原因,让被调查者形成一定的心理准备,以便顺利进入调查过程。

3. 封面信的写作要求

写问卷的封面信时有以下几方面的要求。

第一,封面信一般要求通俗易懂,简明扼要,要让被调查者既能看明白问卷的基本情况,又不至于拖沓冗长,一般两三百字较合适。

第二,封面信的语气要谦虚、诚恳、平易近人,从而给被调查者树立良好的第一印象。

4. 封面信的内容

一封完整的封面信应该包括以下几方面的内容。

(1)调查者的身份。

封面信中一般都要对调查者的身份进行简要说明,如果在这一部分能够写上研究单位的地址、电话、联系人等则更好,这样更能体现调查者的诚意,并且能够给被调查者留下较好的印象,有利于其配合做好问卷调查。另外,这种身份的介绍可以通过两种方式进行。

第一种是可以直接在封面信中说明。例如,"我是北京师范大学文学院的一名学生,我们正在进行一项关于农民工子女教育的调查。"

第二种是可以在落款中进行说明。例如,"北京师范大学农民工子女教育问题调查组"。需要注意的是,如果采用这种方式,那么落款中一定要署上具体的单位,而不能只写"农民工子女教育问题调查组"。因为人们即使看到这样的署名,仍搞不清楚调查者是哪里的、是干什么的,从而会对调查产生很多疑虑。

（2）调查的内容。

在封面信中,应尽可能用概括的语言明确说明调查的实际内容,要做到篇幅适中,既不能含含糊糊,也不能过于详细地去谈。通常的做法是用一两句话概括地、笼统地指出其内容的大致范围就可以了。例如,"我们正在进行关于农民工子女教育方面问题的调查"等。

（3）调查的目的。

调查的目的是封面信中的一项非常重要的内容,封面信中如果对调查的目的叙述得当,那么就会有利于调动被调查者的积极性和责任心,从而有利于调查取得理想的效果。因此,在封面信中一定要对调查的目的做出恰当的、合理的论述,让被调查者认为调查者的调查是正当的、有价值的,而且是对被调查者是有实际意义的,从而起到调动回答者的责任心和积极性的作用。例如,"为了了解农民工子女的受教育状况,探索农民工子女教育和成长的有效途径,我们开展了这项'农民工子女教育方面问题'的调查"等。

（4）调查对象的选取方法。

在实际的调查中,我们经常会听到一些人问"这么多人为什么会选我们?"等问题,为了消除被调查者心理上的压力和顾虑。调查者应该在封面信中对调查对象的选取方法进行简要说明,也就是告诉调查对象调查者是根据什么标准和采取什么方法来选择调查对象的,此时要用简明扼要的话语尽量突出调查者选择调查对象的客观性。

（5）对调查对象有关信息保密的承诺。

在实际的调查中,我们还经常会听到一些人会问"我的回答会不会对我产生一些不利的影响"等问题,为了消除被调查者的这一顾虑,调查者在封面信中应该对调查对象有关信息保密的承诺进行说明。告诉调查对象调查者的调查不会有损于被调查者的利益这一点特别重要,一定要清楚、准确地向调查对象传达这样一个信息:不用填写姓名,我们仅仅只需要他回答的结果;同时,我们关心的也不是某一个人的回答结果,而是所有人的回答结果。只有当被调查者真正明白他不会被认出时,他才有可能做到畅所欲言。这种对匿名的说明和对个人资料严格保密的保证也是封面信中不可缺少的内容。如果调查者在问卷的封面信中对填答问卷的匿名性、所得资料的保密性等解释得不够,那么它往往会导致被调查者从稳妥的考虑出发,以不会影响到自己的利益为标准来对待问卷中的问题和整个调查,这种反应最容易形成虚假的资料。

(6)感谢语。

通常,在封面信的结尾处都要真诚地对被调查者表示感谢。

除了以上内容外,有些问卷的封面信还包括填答问卷的方法、要求,回收问卷的方式和时间等内容。

(二)指导语

问卷的指导语就是用来指导调查人员如何正确使用问卷并完成调查工作,或者指导被调查者填答问卷而对填答要求、方法和注意事项等所做的各种解释和说明。根据指导语出现位置的不同,可以将其分为卷首指导语、卷中指导语以及卷外指导语。

1. 卷首指导语

卷首指导语一般以"填表说明"的形式出现在封面信之后、正式调查问题之前,其作用是对填表的要求、方法、注意事项等做总体说明。

2. 卷中指导语

卷中指导语通常是针对某些较特殊的问题所做出的特别说明。在问卷中,由于一些理解、知识方面等的原因,可能会使得一些被调查者对一些问题产生一定的认知障碍,为了防止这一情况的出现,在问卷中对某些问题进行简要的说明(卷中指导语)就显得尤为必要。需要说明的是,卷中指导语一定要做到简明易懂。

3.卷外指导语

在一些访谈问卷或涉及比较复杂概念的问卷中,也可以另外编写指导语,即卷外指导语,这些指导语不与问卷的主体装订在一起,也不呈现给被调查者,而只是供访谈员或调查员培训和实际调查中使用。

(三)问题及答案

问题和答案是问卷的主体,它们是实际测量人们的特征、行为和态度的工具,是组成问卷的核心内容。可以说,被调查者的各种情况正是通过这些问题和答案来收集的。关于问题及答案的相关知识将在本节"问题的编制"中进行详细论述。

(四)编码

编码是给问题和答案编上数码,用这些数码来代替问卷中的问题及其答案。编码过程必须遵循一定的原则和要求。

1.编码过程的原则

第一,编码必须具有单一性,即一个编码只能替代一个答案,而不能代替不同的答案。

第二,编码必须具有完全包容性,即每个答案都应有自己的唯一编码。

第三,编码必须具有直观性、简单性和逻辑性。有些问题答案前面的序号直接可以作为编码,既便于设计,又便于统计处理。

2.编码过程的要求

第一,编码要符合人们的逻辑思维和计算机处理程序的逻辑。

第二,编码必须考虑拒绝回答的情况。

第三,编码必须对无答案的情况给予特殊编码,否则处理数据时计算机将无法使程序正常进行等。

另外,有些回答含有数字,如年龄、人数等,可以把这些数字本身视为编码数。

需要说明的是,关于编码的其他一些知识将在本书的第六章第二节中有详细论述,这里不再赘述。

(五)其他资料

问卷的结构中除了以上几个部分外,还有一些其他的资料,如问卷的名称、问卷的编号、问卷的发放及回收日期、调查员的姓名等有关资料。

二、问题的编制

(一)问题的种类

根据问题的性质,可以将问题分为以下几大类。

1. 客观性问题

客观性问题是指已经发生和正在发生的各种事实和行为方面的问题,如"你家有几套房子""你有几个儿女"等属于事实方面的问题,而如"你去年都去了哪几个地方旅游""你喜欢通过哪种方式购物"等则属于行为方面的问题。

2. 主观性问题

主观性问题是指人们的思想、态度、感情、愿望等主观方面的问题,如"你对当前的医疗制度有什么看法""你对目前的工作是否满意""你对你目前的工作收入是否满意"都属于主观性问题,需要被调查者根据自己个人的思想、态度等对其进行回答。

3.背景性问题

背景性问题是指被调查者个人的基本情况方面的问题,如性别、年龄、民族、文化程度、婚姻状况、职业、收入、信仰等,有时还包括被调查者的某些基本情况,如家庭人口、家庭收入等。背景性问题是对问题进行研究的重要依据。

4.检验性问题

检验性问题是指为检验回答是否真实、准确而设计的问题,如在问卷中先问"你今年多少岁",在问卷后面又问到"你是哪年出生的"等,这类问题一般安排在问卷的不同位置,通过互相检验来判断回答的真实性和准确性。

在以上四类问题中,背景性问题是任何问卷中都不可缺少的,因为它是对被调查者进行分类和对不同类型被调查者进行对比研究的重要依据。其他三类问题,则可以依调查目的、内容而选用。

(二)问题的形式

在问卷调查中,问题的形式可以分为开放式、封闭式和半封闭半开放式三种形式。

1.开放式问题

开放式问题是指对问题的回答不提供具体的答案,而由被调查者根据自己的情况自由填答。这种问题形式既有优点,同时也存在着一定的缺点。

(1)开放式问题的优点。

由于开放式问题允许被调查者按照自己的方式充分自由地

回答各项问题,不受任何限制,所以,这种回答的自发性能够最自然地反映出回答者各不相同的特征、行为和态度,调查者通过这种回答所获得的资料往往比封闭式问题丰富生动,特别是它常常可以得到一些调查者事先未曾料想到、未曾估计到的资料。

（2）开放式问题的缺点。

开放式问题的缺点主要包括以下几方面。

第一,对回答者的知识水平、文字表达能力以及配合调查的程度有一定要求,这样就对调查范围与对象有所限制。

第二,填答所花费的时间和精力较多,就很有可能降低问卷的回收率和有效率。

第三,可能会收集到大量不准确的,甚至答非所问的、无价值的信息资料,这就为调查者的辨别检验工作带来了很多麻烦。

第四,回答过程中所提供资料的标准化程度低,资料难以进行编码和统计分析。

2. 封闭式问题

封闭式问题是指在提出问题后给出若干个特定的答案,被调查者可以从这些特定的答案中选择比较适合本人情况的答案。这种问题形式既有优点,同时也存在着一定的缺点。

（1）封闭式问题的优点

封闭式问题主要有以下几方面的优点。

第一,对被调查者来说,封闭式问题形式规范、填写方便、省时省力,被调查者只需按照要求阅读、打钩画圈就行了,对文字表达能力也无特殊要求。

第二,被调查者完成问卷非常容易,所花费的时间和精力也比较少。

第三,对调查者来说,封闭式问题的一个重要优点是其答案都可通过编码而转变为简单的数字,所得的资料非常便于统计处理和进行定量分析。

（2）封闭式问题的缺点

封闭式问题主要存在以下缺点。

第一，由于封闭式问题已经为被调查者提供了可以选择的答案，所以它实际上也就限制了被调查者的回答范围和回答方式。这一特点对于有些简单的问题来说并没有太大的差别，但对于一些涉及看法、态度、意见等较为复杂的主观性问题来说，封闭性问题的效果显然远远不及开放式问题。

第二，封闭式问题对于被调查者回答中存在的偏误难以发现，由于在封闭式问题中，被调查者所需要做的事情就是在某个答案上画上记号，因此，对于那些由于粗心或者某种心理压力而故意选错的问题难以发觉，这样就会对调查的准确性和真实性产生不利的影响。

3. 半封闭半开放式问题

半封闭半开放式问题就是把前两种问题混合在一起，问题的前半部分是封闭式的选项，后半部分又设计了一个开放式的"其他"选项。这样就可以在某种程度上克服前两种问题的缺点，有利于获得更多的信息，从而保证调查的准确性。

总之，在实际的问卷编制中，应根据不同的研究目的、研究内容和调查样本等选择不同的问题形式。通常，开放式问题适合于测量人们的态度、看法等主观性问题；当调查者对某方面的情况不大熟悉，也可用开放式问题来搜集大量、尽可能详细的感性材料以对问题有初步的了解。封闭式问题多用于描述性和解释性研究，适合于测量人们的性别、文化水平、政治面貌、职业等客观性问题，对被调查者的受教育程度要求较低，在自填问卷中使用广泛。但也有些问卷同时包括了开放式问题和封闭式问题。

（三）问题的数量

问题的数量是编制问卷需要考虑的重要因素。通常，一份问卷中问题数量的多少以及问题的长短等应该由调查研究的目的、调查研究的内容、样本的性质、分析的方法等多种因素来决定。根据大多数问卷调查的实践经验，一份合理的问卷中所包含的问题的数量应该保证被调查者能够在 20 分钟之内完成。如果超过了 20 分钟，那么这份问卷就会显得比较冗长，就容易导致被调查者产生厌烦心理，从而影响填答率、回收率等。

(四)问题的排列

问题的排列是决定问卷结构的重要因素。问卷中问题的排列顺序是否恰当，既会影响问卷的填答质量，也会影响问卷的回收率。为了便于被调查者回答问题，也为了便于调查者对调查资料的整理和分析，通常可以采取以下排列方式对问卷中的问题进行排列。

1. 按照问题的时间顺序进行排列

在遇到时间关系的问题时，调查者应该根据调查事物的过去、现在和将来对相应的问题进行排列，当然也可以反过来进行排列。总之，无论是由远及近还是由近及远，问卷中问题的排列在时间上都应该有连续性。如果问题没有按照时间顺利来排列，一会是这一时间段中的问题，一会又是另一时间段中的问题，那么就会打乱被调查者回答问题的思路，不利于调查结果的准确性。

2. 按照问题的性质和类别进行排列

这一排列方式要求将同类的问题放在一起，这样有利于被调查者的思考。通常，应该把背景性的问题放在问卷的前面或者后面，其他方面的问题则按照性质和类别相对集中地放在一起，这样就便于被调查者有条不紊地回答问题，而不至于使他们在回答问题时因思路经常被中断或来回跳跃而影响调查的质量。

3. 按照问题的复杂程度和困难程度进行排列

通常,问题的排列应该先易后难,由浅入深;先客观事实,后主观判断;先是一般性质的问题,后是比较特殊和复杂性质的问题;先是封闭式问题,后是开放式的问题。这样有利于增强被调查者的信心,也有利于将问题逐步引向深入,不至于被调查者因为前面较困难的问题而打击其积极性,从而对调查问卷产生逆反心理。

总体来说,问卷中的问题通常都会按照一定的逻辑顺序进行排列。但是,需要说明的是,有时调查者为了避免被调查者受思维定势的影响,也会故意把一些问题的时间顺序颠倒,或分别安排在问卷的不同部分。特别是检验性问题的排列更应分散各处,不能连在一起,否则就起不到互相检验和互相印证的作用。这类问题,一般都会安排在问卷的不同位置,通过互相检验来判断回答的真实性和准确性。

总之,问卷中问题的排列不是一成不变的,调查者可以根据具体的需要灵活应用。

(五)问题的表达

问卷调查大多数都是书面调查,需要被调查者进行书面回答,所以,问题的表述就应当通俗、具体、准确、简明和客观,避免使用抽象、笼统、晦涩难懂、含混不清、模棱两可、冗长啰唆的语言。另外,对于一些较为敏感、存在一定的威胁,但是又必须设计的问题,在表达上就应该更加艺术,应该做些减轻敏感程度或威胁程度的特殊处理,以便被调查者易于面对这些问题,并敢于坦率地做出真实回答。具体来说,调查者可以采用以下几种方法对这些问题进行处理。

1. 假定法

假定法即用一个假设判断作为问题的前提,然后再询问被调查者对该问题的看法,如"假如国家对生育不加控制,那么你会生几个?"

2. 模糊法

模糊法就是对一些比较敏感的问题设计出一些模糊的答案,以便于被调查者作出真实的回答。例如,"你的月收入是多少?"对于这个问题,很多人都不愿意正面回答,一些人即使回答了,可能也是不准确的数字,对于这种情况,调查者应该采用模糊法来对问题进行表达,如可以通过设计出几组模糊性的答案来供被调查者选择:"A. 5 000 元以下;B. 5 000~10 000 元;C. 10 000~20 000 元;D. 20 000 元以上"。

3. 转移法

转移法就是将回答问题的人转移到其他人身上,然后再请被调查者对别人的回答做出评价,如"对于婚姻中的第三者,有的人认为是不道德的,而有的人则认为无所谓,你比较同意哪种看法,为什么?"

4. 释疑法

释疑法就是在所提出的问题前写上一段消除疑虑的文字,如在一个问题前写上:对同一个问题每个人都会有自己不同的看法,这是一种正常的现象。然后在一段文字后提出问题:"你是否赞同没有爱情的婚姻中的婚外情是可以理解的这一观点?"

总之,问题的表达是问卷设计中一个非常重要并且难度很大的问题,问卷设计的质量及效果在很大程度上决定于问题的表达。所以,调查者一定要重视问题的表达,一定要在问题的表达方面多下功夫。

第四节 问卷设计的注意因素探究

作为在社会调查中用来搜集资料的工具，问卷设计需要注意的因素非常多，概括来说，主要包括以下几方面。

一、注意问卷调查的目的

问卷调查的目的往往决定了问卷的内容和形式。如果问卷调查的目的是为了从总体上了解和描述调查对象的某些现状和特征，那么就要求调查者在设计问卷时，尽可能地编制一些有关研究对象方面的问题。而如果问卷调查的目的是为了对某些社会现象作出解释，那么调查者在设计问卷时就应该尽量设计一些有关社会现象的问题。

总之，问卷的调查目的对问卷的设计具有非常重要的影响，整个问卷的编制工作都应该紧紧围绕着调查的目的进行。

二、注意问卷调查的内容

问卷调查的内容直接影响问卷设计的形式、原则、难易程度等，所以它是问卷设计必须要注意的重要因素。

通常，当被调查者对问卷调查中的内容比较熟悉时，就会容易引起他们的兴趣，他们回答起来就没有什么心理压力，如果考虑到了这一因素，那么调查者在给这部分调查对象设计问卷时就可以将问题数量设计得多一些、深入一些，封面信和指导语也可以写得简单些。而如果调查的内容不是被调查者所熟悉的内容，那么调查者就应该在设计问卷时多动脑筋,多设计一些能够让被调查者感兴趣的问题,问卷的封面信和指导语也要写得稍微多一些。

总之,由于调查内容的不同,有的调查比较容易展开,而有的调查开展起来就会比较麻烦,这就要求调查者对这些情况有明确的认识,在设计问卷时多采用一些技巧,以提高问卷的填答率和回收率。

三、注意问卷调查样本的性质

问卷调查样本的性质就是指问卷调查样本的构成情况,即被调查者是什么样的人。不同的被调查者对同一个问题的反应是不同的,所以,调查者在设计问卷之前一定要了解自己所设计的问卷针对的对象。如果被调查者是农民,那么就应该以农民群体所具有的特征为依据,即按农民的生活方式、文化程度、心理状态等特点去设计问卷。如果被调查者包含多种成分的人时,那么由于被调查者是无法统一的,所以就使得调查问卷的设计变得较为复杂,这就要求调查者充分考虑到各种身份、各种群体的人各种可能的心理反应,谨慎地安排好每一个问题,写好每一句话,用好每一个字,只有这样才能设计出合适的问卷。

四、注意对问卷所收集到的资料的处理和分析方法

对问卷所收集到的资料的处理和分析方法也影响着调查者对问卷的设计。如果对问卷所收集到的资料进行处理和分析时采用手工的方法,那么调查者在设计问卷时就不应该设计太多的问题,而且所设计问题的内容也应较为简单,因为如果将问题设

计得太多或者太过复杂,手工处理和分析是无法完成的。而如果对问卷所收集到的资料采用计算机进行处理和分析,那么调查者在设计问卷时就可以设计稍微多点的问题,问题的内容也可以稍微复杂些。

总之,不同的资料处理和分析的方法,对问卷设计者有着不同的要求。问卷设计者在设计问卷时一定要考虑这一因素。

五、注意问卷的回收方式

回收方式对问卷的设计也具有一定的影响。如果问卷的回收方式是当场回收,那么调查者在设计问卷时就可以简写或者不写封面信,因为封面信中的内容完全可以在当场分发调查问卷的时候进行说明。而如果问卷是邮寄的或者是报刊问卷,那么调查者就应该格外注意封面信的写法,因为被调查者在接到一份由陌生的调查单位或者个人寄来的问卷时所产生的一切疑问,都必须由封面信解释清楚。

第四章 抽样调查研究

抽样调查建立在概率学和统计学的基础上,更加适应于现代高异质性、高变动性的社会。本章即对抽样调查的相关知识进行简要阐述。

第一节 抽样的概念、类型及作用

社会调查所需要的资料一般都是直接来自调查对象,而社会调查的这种特定的方式决定了它不能直接从总体所有调查对象中收集资料,只能从部分调查对象中收集,这就是本节所要阐述的抽样。

一、抽样的概念

要了解抽样的概念,就必须要对与抽样相关的几个概念有所了解。

(一)总体和样本

总体是构成它的元素的总和,而元素则是构成总体的最基本单位。例如,调查某一个工厂生产的冰箱质量时,该厂生产的所有冰箱为总体,每一个冰箱则为一个元素。在社会调查中,最常见的总体是由社会上的人组成,如对某一大学的某一届毕业生的就业情况进行调查,该大学的这一届毕业生为总体,每一个毕业生则为一个元素。总体中所含元素总数有限时,称为有限总体,相反则称为无限总体。需要注意的是,理论上定义的总体为目标总体,但在实际调查过程中,目标总体总是会因为某种原因而导致部分调查元素无法接触,如对大学生进行调查,一部分大学生不在校内,导致目标总体无法全部接触,所以实际上无法对他们进行调查,从目标总体中去掉一部分无法接触到的元素的总体称为调查总体。

样本是从总体中按一定方式取出一部分元素的集合。一般是由于在社会调查中受人力、物力、财力、时间等限制,不能对总体的全部元素进行调查,故而选取部分元素组成样本进行调查,这种方式可以有效地节约资源、提高效率。例如,从某大学 2 万名大学生构成的总体中,选出 1 000 名大学生作为一个调查样本。一般情况下,社会调查的收集工作都是在样本中完成的。

(二)抽样单位和抽样框

抽样单位是指一次直接的抽样所使用的基本单位。抽样单位和构成总体的元素有时是相同的,有时是不相同的。例如,从某省 20 万名大学生这一总体中抽取 1 000 名大学生作为样本,那么这 1 000 名大学生既是构成总体的元素,也是这次抽样的抽样单位。但是,假如调查者是直接抽取 50 个班级作为样本,而这 50 个班级的学生正好为 1 000 名时,那么这时的抽样单位就是班级了,与构成总体的元素又是不一样的。

抽样框,又称抽样范围,指的是一次直接抽样时总体内的所有抽样单位的名单。例如,在一所大学的全体学生中,抽取 500 名大学生作为样本,那么这所大学的全体学生的名单就是这次抽样的抽样框;如果是以这所大学的部分班级作为样本,那么全校的班级名单就是这次抽样的抽样框。

(三)参数值和统计值

参数值,又称总体值,指的是关于总体中某一变量的综合描述,或者说是总体中所有元素的某一特征的综合数量表现。在统计中最为常见的参数值是某一变量的平均值,比如某批次液晶电视的平均寿命、某工厂工人的平均年收入、某学校期终考试学生的平均成绩等。需要注意的是,参数值的获得必须来自于对总体中的每一个元素都进行调查或测量。

统计值,又称样本值,指的是关于样本中某一变量的综合描述,或者说是样本中所有元素的某一特征的综合数量表现。样本值是根据样本的所有元素计算出来的,它是相应的参数值的估计量样本的平均值就是总体平均值的估计量。例如,调查某一大学期末考试某一年级 1 000 名学生的平均成绩时,抽取其中 100 名的学生为样本,得出的平均成绩就是统计值,它也是相应的全部学生的平均成绩的估计量。抽样的目的之一,就是通过这些样本值去估计和推断各种总体值。

需要注意的是,参数值和统计值之间有个重要的区别,即参数值是不变的、唯一的,而统计值则是变化的,由于一个相同的总体可以从不同的抽样方式得到若干个不同的样本,因此,从每一个样本中得到的估计量,都只是总体的许多可能估计量中的一个。抽样的目标就是尽可能地使样本的统计值与总体的参数值相吻合,这也是社会调查的一个重要内容。

(四)置信度和置信区间

置信度,又称置信水平,指的是总体参数值落在样本统计值某一区间内的概率,它反映的是抽样的可靠性程度。例如,当置信度达到 90% 时,就表示总体参数值落在样本统计值某一区间的概率为 90％。

　　置信区间,是指在一定的置信度之下,样本统计值和总体参数值之间的误差范围。置信区间越大,表示误差范围越大,抽样的准确性程度就低;置信区间越小,表示误差范围越小,抽样的精确程度就越高。

　　对以上几个与抽样相关的概念有所了解后,再来理解抽样的概念就比较容易了。抽样,又叫做取样,就是从总体的所有元素中按一定的方式抽取一部分元素的过程,如从 1 000 台冰箱中,按一定方式抽取 100 台冰箱的过程就是抽样。而抽样单位和抽样框、参数值和统计值以及置信度和置信区间都是抽样过程会涉及到的重要内容。

二、抽样的类型

　　抽样按照抽取的具体方式的不同,分为两大类型——概率抽样与非概率抽样。

　　概率抽样,又称作随机抽样,即按照随机事件的概率进行抽样。在概率抽样中,总体的每一元素被抽中的机会是均等的,它不会受到调查者任何人为的影响,能够减少人为误差。这种抽样方法得出来的结论相对较为客观且具有代表性。

　　非概率抽样,又称作非随机抽样,即主要根据研究者的主观经验、意愿、判断等因素来抽取样本。由于受到研究者人为因素的影响,非概率抽样中的元素不具备被抽中的均等机会,导致得出的调查结论往往不具代表性。

　　概率抽样与非概率抽样的最大差别在于,在概率抽样中,样本的抽样误差一般能被精确地算出,因而它也是目前使用最多、效果最好的抽样类型;而在非概率抽样中,调查者往往无法准确算出样本的抽样误差。但是,非概率抽样具备简捷、省时省力等特点,在一定程度上也有利于对总体的某些情况的反映。

概率抽样与非概率抽样的其他具体知识将在本章的第二节进行详细论述。

三、抽样的作用

抽样作为人们进行社会调查的一个重要方面,它的基本作用就是向人们提供一种通过部分认识总体的目标的途径和手段。它的目的就在于采用一定的科学的方式选取总体的部分作为总体的代表,以便通过对部分的研究,得出关于总体的可靠的资料,推断出其基本情况,认识其特征或规律性。实际上,在人们的日常生活中,常常会运用到抽样的方法,如医生在给病人检查身体时,往往要抽取病人少量的血液来分析病人全身血液的情况;质检部门在对市场上的产品进行质量检验时,也只是在众多的产品中抽取一部分进行检验来推断产品总体的情况。

在社会调查中,抽样所面临的最主要的问题就是抽取对象的选取问题。相对于对总体中每个元素都进行调查的全面调查来说,选取总体中部分元素进行调查以认识和反映总体的抽样调查,有以下几个方面的优点。

第一,抽样可以有效地节省人力、物力、财力和时间等资源。抽样调查就是调查者利用有限的人力、物力、财力和时间来最大限度地调查出反映总体的某些特征和规律的结论。

第二,抽样可以避免影响甚至损害总体中更多的元素。例如,质检部门在对某商场的罐头食品质量进行检测时,不需要将每件罐头食品的包装都打开,可以采用抽样的方式抽取部分以减少食品的损失。

第三,抽样可以对所抽取的样本进行更加深入的研究。对总体所有元素进行调查容易使调查局限于表面,难以深入实质,而抽样调查所用的样本数较少,调查者可以集中精力对其进行详细的分析和研究。

第四，一个设计完善的抽样方法可以减少人为误差，保证调查结论的准确性。

由于抽样具备了上述几个优点，它被广泛地应用于各种社会调查、科学研究以及生产、生活等活动中。在这里可以用一个例子来说明抽样的具体作用。1984 年，里根当选为新一任的美国总统。在总统选举正式投票之前，美国一些全国性的民意测验机构根据抽样调查做了一次预测，表 4-1 就是这些不同的民意测验机构得出的预测结果。从这个表中可以看出，虽然不同的民意测验机构得出的预测结果并不一致，但他们都正确预测到了里根获胜，并且预测到的数据与实际数据（里根为 59%，蒙代尔为 41%）非常相近，而这一预测结果是在对不到 2 000 名的对象进行调查得出的。这个例子充分说明了抽样调查的巨大作用。

表 4-1　1984 年不同民意测验机构对美国总统选举的预测结果[1]

不同的民意测验机构	总统候选人	
	里根	蒙代尔
《时代》/《扬基拉维奇》	64%	36%
《今日美国》/《黑蛇发女怪》	63%	37%
哥伦比亚广播公司/《纽约时代周刊》	61%	39%
盖洛普民意测验/《新闻周刊》	59%	41%
美国广播公司/《华盛顿邮报》	57%	43%
哈里斯民意测验	56%	44%
罗珀民意测验	55%	45%

---

[1]　风笑天：《现代社会调查方法》，武汉：华中科技大学出版社，2009 年，第 59 页。

第二节　概率抽样与非概率抽样

概率抽样和非概率抽样是抽样最主要的两个方法,本节即对这两种方法的相关内容加以阐述。

一、概率抽样

概率抽样是按照概率原理进行的,它能够很好地按总体内在结构中所蕴涵的各种随机事件的概率来构成样本,它要求样本的抽取具有随机性。概率抽样包括简单随机抽样、系统抽样、分层抽样、整群抽样、多段抽样五种基本类型。每一种类型的具体方法有所不同,在进行抽样调查时,要根据调查的性质、抽样的准确性等因素,选择适合的抽样方式。

(一)简单随机抽样

简单随机抽样,又称作纯随机抽样,是社会调查中经常使用的最基本的抽样方法。简单随机抽样的原理是按等概率原则直接从含有 N 个元素的总体中随机抽取 n 个元素组成样本(N>n)。

简单随机抽样又可以分为回置抽样和不回置抽样。在回置抽样中,已被选中的元素仍放回总体中,因此在同一样本中,某一元素理论上可能不止一次地出现;在不回置抽样中,已被选中的元素不再放回总体中,因此在同一样本中,某一元素只能出现一次。由于在不回置抽样的抽取过程中,总体中未被抽取的元素将越来越少,后续元素被选入样本的概率会略有增大,所以从这个方面来说,回置抽样更加完善。不过,当总体规模足够大时,不回置抽样与回置抽样差异性程度很小,所以在大规模社会研究中,通常使用不回置抽样。

简单随机抽样的具体操作方法有以下两种。

1. 抽签法

抽签法是常用的一种简单随机抽样方法。它的操作即把总体中的每一个元素或单位编上号,并将这些号码写在纸条上做成卡片或者小球的形式,放进一个容器内,充分打乱后,从中任意抽取部分样本,这种方式抽取出来的样本就是一个随机样本。例如,对某大学的某一个系的200名大学生的未来就业意向进行调查时,按照抽签法进行操作,先将全系学生的名单逐一编上号码(从001到200),然后在200张小纸条上对应写上001、002、003……199、200的编号,将这些写好号码的小纸条放进一个盒子里,打乱后,随机取出50张小纸条,然后找到这些纸条上对应的学生姓名。这50名学生就成为了这次调查的样本。这种抽样方法简单、方便,适用于调查总体较少的情况。

2. 随机数表法

随机数表适用于调查总体较多的情况。它是依照概率理论的随机原则,将0~9十个数值重复连续地以随机方式抽出,并按其先后顺序编制而成,表中的数码和排列都是随机形成的,没有任何规律性。

利用随机数表进行抽样的具体步骤有以下几个。

(1)先获得一份包含总体所有元素名单的抽样框。

(2)将总体中的元素按顺序编上号码。

(3)根据总体规模是几位数来确定从随机数表中选几位数码,如总体规模是3位数,则在随机数表中选取3位数码。

(4)以总体规模为标准,从随机数表的任一地方开始,按任一方向对随机数表中的数码逐一进行衡量并决定取舍。

(5)根据样本规模的要求选择出足够的数码个数。

(6)依据从随机数表中选出的数码,到抽样框中找出它所对应的元素。

按照上述步骤抽取出来的元素的集合就是所需要的样本。例如,需要在 3 000 名学生中抽取 100 名学生作为调查的样本,按照随机数表法,首先需要获得这 3 000 名学生的名单,然后将他们每一个人按 1~3 000 的顺序编好号码,再根据总体是 4 位数,在随机表中选择 4 位数,对随机数表的选择的起点可以是任意的,顺序也是任意的。然后以 3 000 为准对随机数表中的数码进行选择,大于 3 000 或者已经被选过的数码不选,选择小于或等于 3 000 的数码,一直到选够 100 个数为止,表 4-2 就是选用 100 个数码的部分实例。最后按照抽取的号码,从总体已经编了号码的名单中找出对应的 100 名学生名单,这 100 名学生即构成了调查的样本。

表 4-2 选用 100 个数码的部分实例

随机数表 中的数码	选用的数码	不选用的原因
90 906	0 906	
73 020		
10 041	0 041	后面 4 位数码大于 3 000
22 507	2 507	
04 310		后面 4 位数码大于 3 000
66 042		后面 4 位数码大于 3 000
12 683	2 683	
82 507		与所选的第三个数码重复
51 176	1 176	

简单随机抽样法适用于总体规模不大时的调查,如果总体元素数较多,采用这种抽样方式不仅费时,而且工作繁杂、费用较高、效率低。

（二）系统抽样

系统抽样，又称等距抽样或者间隔抽样。它和简单随机抽样一样必须要有一个完整的抽样框，然后是将总体中的元素进行编号、排序后，计算出某种间隔，最后按照这一固定的间隔抽取元素来组成样本。其中，间隔的大小要视总体规模与样本容量的比率而定。

系统抽样的具体步骤有以下几个。

（1）给总体中的每一个元素编上号码，制定出完整的抽样框。

（2）计算出抽样间隔。假设总体规模为 N，样本规模为 n，抽样间隔为 K，那么每部分的间隔公式为：

$$K = \frac{N}{n}$$

（3）随机抽取一个元素，记下这个元素的编号，将它作为随机的起点，假设它为 A。

（4）在抽样框中，自 A 开始，依次抽取样本编号分别为 A，A＋K，A＋2K……A＋$(n-1)$K。

（5）将所得元素集合起来，就构成了一个样本。

在这里可以用一个例子来更直观地说明系统抽样。要在一个拥有6 000名学生的中学，抽取 300 名学生作为样本。首先将这 6 000 名学生按顺序依次编号，然后根据上面提出的公式计算出抽样间距为 6000/300＝20，即每隔 20 抽一名学生，接着随机抽取一个起点，假设抽取的数字为 12，那么第一个样本的号码就为 12，第二个样本的号码为 32……第 300 个样本的号码为 5992，最后根据这些号码找出对应的 200 学生名单，这 200 名学生就构成了调查的一个样本。

系统抽样与简单随机抽样相比，更简便实用，特别是在总体及样本规模较大的时候。但是系统抽样也有一定的风险，即它可能会产生一些误差。一般有以下两种情况容易导致误差的出现。

第一，在总体抽样框中，元素的排列本身具有某种等级上的高低、次序上的先后等情况。例如,要从一个总体为1 000户家庭的社区中,抽出一个20户家庭的样本进行消费水平的调查,并且这1 000户家庭的名单是按照每个家庭的总收入多少为顺序排列的。根据计算可以得出抽样间隔为50,这时,如果同时有两个人进行抽样调查,一个的随机起点号为3,另一个的随机起点号为43。在这种情况下,前一个人所得出家庭消费水平一定要远远高于后一个人所得出的家庭消费水平,因为前一个人选出的样本家庭在家庭总收入方面要远远高于后一个人选出的家庭样本的总收入。面对这种情况,可以采用中位数系统抽样法,即在抽样间隔的中间数所对应的元素抽取,如在上述的例子中,就可以将第25户家庭作为起点,每隔50户抽取一户家庭,这样得出来的调查结果就有较强的代表性。

第二,在总体抽样框中,元素的排列与抽样间隔有相对应的分布的情况。例如,在某一个公寓楼选择公寓样本,将每个公寓的门牌号(101、102、201、202、301、302……)作为顺序排列,那么计算出的抽样间隔很可能刚好等于每层楼的公寓数或者其倍数。根据这种间隔得出的样本公寓可能刚好是全部靠近电梯或者全部处于东南角方位,而这些位置的公寓往往又会有一些相同的特性,那么得出来的调查结果就不具有代表性。

(三)分层抽样

分层抽样,又称分类抽样或类型抽样,它是先将总体中的所有元素按照某个影响较大的特征划分成若干个层次或类型,再从各个层次或类型中采用简单随机抽样或者系统抽样的方法抽取一定数量的样本,最后集合成总的样本的方法。例如,在对一所高中的学生进行调查时,调查者可以先把总体分为高一年级、高二年级和高三年级;然后,采用简单随机抽样或系统抽样的方法,分别从这三个年级中各抽取100名学生;按照这种分层抽样的方式得出的300名学生就是此次调查的样本。

分层抽样在实际运用过程中需要注意以下两个方面的问题。

1. 分层的标准问题

在分层抽样时，划分的层次越多越细，抽取的样本就越多，但这并不意味着划分的层次越多越好，要根据所要调查的问题性质、总体规模和样本容量等因素来划分。具体在划分时通常考虑以下几个方面。

(1)以调查研究所要分析的主要变量或相关的变量作为分层的标准。例如，调查学生体育锻炼的情况，可以以学生的性别作为分层的标准；又如调查金融危机对社会不同职业的人的影响时，可以以人们的职业作为分层的标准。

(2)注重保证每一层的内部同质性要强，各层之间的异质性也要突出，将总体内在结构的变量作为分层变量。例如，对工厂进行调查时，可以以工作性质作为分层标准，将全厂职工分为管理阶层、工人、技术人员、后勤人员等几类来进行抽样。

(3)一般用已具有明显层次区分的变量作为分层变量。例如，在学校调查时，学生的学校、专业、年级等；在社会调查中，人们的年龄、性别、职业等，这些都是经常被用来当做分层的标准的。

2. 分层的比例问题

分层抽样分为按比例和不按比例分层两种方法。

按比例分层抽样是指按已分层次的每一层的总体元素数之间的比例来抽取样本的方法。采取这种方法，元素多的层次或类型中所抽中的子样本就大一些，元素少的层次或类型中所抽中的子样本就小一些。例如，某大学某系共有 500 名学生，按性别分层有 300 名男学生、200 名女学生，这两层与总体学生数的比例分别为 3：5 和 2：5，假如我们要抽取 50 名学生作为样本，根据按比例分层抽样法，即从 300 名男学生中随机抽取 30 人，从 200 名女学生中随机抽取 20 人。根据这种方法可以得出一个和总体结构完全一致的样本。

不按比例分层抽样主要用于当总体中某一层次或类型中元素个数太少时,因为元素个数太少,不利于全面、准确地了解各层次之间的情况。例如,某大学某系男生多,女生较少,这种情况下,就可采用不按比例分层抽样法,将要抽取的样本数平均到男、女学生中,即各层次抽取相同的人数作为样本,这样得出的结论能比较准确地反映男、女学生的一般状况。

但需要注意的是,在采用不按比例分层抽样法时,主要目的是利于对不同层次或类型中的子总体进行专门研究或者比较研究。但如果要用样本数据去推断总体时,则需要先对各层次中的数据资料进行加工处理。例如,调查某工厂工人的人均收入时,以工厂 600 名工人为总体,其中男工人 500 名,而女工人只有 100 名,要抽取样本人数 60 名,这时采用不按比例分层抽样则抽取 30 名男工人、30 名女工人,通过对他们的收入资料进行分析去推断全厂工人的平均收入,那么就需要在男工人的收入后乘以 5/3,而在女工人的收入后乘以 1/3,再加上总平均,这样就能有效地减少结论的误差。

总的来说,分层抽样有以下两个优点。

第一,分层抽样在样本规模不断增加的前提下可以降低抽样误差。因为总体的同质性程度越高,越容易得出反映总体特征和面貌的样本结论,而总体的异质性程度越高,越难得出反映和代表总体的特征和面貌的样本结论。而采取分层抽样,就可以把异质性较强的总体分成一个个同质性较强的子总体,以便提高抽样的效率,减少抽样的误差。

第二,分层抽样有利于了解总体内不同层次或类型的情况,便于对其进行单独研究,或比较研究。例如,在《中国妇女社会地位调查》中,研究者"为了能分析比较城乡差别,提高抽样精度,并能保证城乡分析具有足够的样本容量",他们采取了先调查各个省,然后由各个调查省在省内进一步按城乡分区分别进行抽样的做法,并使城乡两区的样本规模相等。这种方式就是不按比例分层抽样法[①]。

(四)整群抽样

整群抽样是将总体各元素归并成若干个互不交叉的集合,称之为群,然后从中随机抽取一些小的群体,由所抽出的若干个小群体内的所有元素构成调查样本的方法。整群抽样与前几种抽样方法最大的差别在于,它的抽样单位不是单个的元素,而是成群的元素。这种小的群体可以是学校中的班级、工厂中的车间,还可以是小区的居民家庭等。例如,对某一中学的学生进行调查,假设该中学共有 50 个班级,每班都是 40 名学生,总共有 2 000名学生,要抽 200 名学生作为样本进行调查。采用整群抽样的方法,就不是直接去抽一个个的学生,而是从全校 50 个班级中,采取简单随机抽样的方法(或是系统抽样、分层抽样的方法)抽取 5个班级,然后由这 5 个班级的全部学生构成调查的样本。

整群抽样的优点在于它不仅可以简化抽样的过程,还可以节约调查研究中收集资料的资源,同时可以相对地扩大抽样的反映范围。在采用简单随机抽样和系统抽样的方法时,都必须要有一份总体所有元素的名单,即抽样框。但在实际调查过程中,抽样框有时难以获得,有时即便可以获得,真正运用起来也十分麻烦,因此,简单随机抽样和系统抽样的应用范围有一定的限制。例如,要在一个有 10 万户家庭的城市中抽取 1 000 户家庭进行调查,若按简单随机抽样和系统抽样的方法,就必须首先弄到一份这 10 万户家庭的名单。而在实际调查中,这样的名单往往是很难弄到的,即使获得了数据也太过庞大,难以实际运用。此时,可以采用整群抽样的方法。我们可以按居委会编制抽样框,假设全市共有 500 个居委会,每个居委会有 200 户家庭,那么我们只需收集一份有 500 个居委会的名单,并采用简单随机抽样或系统抽

---

① 风笑天:《现代社会调查方法》,武汉:华中科技大学出版社,2009 年,第 71 页。

样的方法,从中抽取 5 个居委会,然后将这 5 个被抽中的居委会中的所有家庭户作为调查的样本元素。这样一来,抽样的过程就被有效地简化了。由于整群抽样的这一优点,许多规模较大的社会调查往往从节省经费、时间、人力以及调查的可行性等方面考虑,采用整群抽样的方法。例如,20 世纪 80 年代中期,中国社会科学院社会学研究所等单位组织进行的"五城市婚姻家庭调查",就是采用这种整群抽样的方法,从 5 个调查城市中抽取了 8 个居民点,以这 8 个居民点所包括的总共 4 385 户家庭作为样本进行的[①]。

整群抽样还具有一个缺点,即抽取的样本分布面不广、样本对总体的反映性较差等。由于整群抽样采用的是抽取总体中的一些小的群体,这就导致了所抽取的样本的元素相对集中,而涉及面缩小,这种抽样得出的结果往往出现样本代表性不足而导致结论误差较大的现象。例如在上述的例子中,从 500 个居委会中抽取任意 5 个居委会所包含的 1 000 户家庭,这 5 个居委会显然在地理位置和社区环境方面有相对集中性,难以体现出城市中不同社区、不同经济区、不同地段的居民家庭的特点。所以,根据这 1 000 户家庭调查得出的结论显然要比用简单随机抽样、系统抽样或者分层抽样的方法得出的结论误差性更大。

另外需要注意的是,整群抽样与分层抽样有明显不同。分层抽样适用于当某个总体由若干个有着明显界限和区分的层次或类别所组成,同时,不同层次或类别之间差别性很大,而其内部元素之间的差异性不大时;而整群抽样则适用于不同层次或类别之间差别性不大,而其内部元素之间的差别程度较大时。所以在使用上述两种抽样时要注意区分。

(五)多段抽样

多段抽样,又称多级抽样或分段抽样,即按抽样元素的层次

---

① 风笑天:《现代社会调查方法》,武汉:华中科技大学出版社,2009 年,第 73 页。

关系,把抽样过程分为几个阶段进行。如果是经过两次抽样而获得样本,则叫做二阶段抽样,以此类推,有三阶段抽样、四阶段抽样等。多段抽样的基本做法是:先从总体中随机抽取若干大群,再从这几个大群内抽取几个小群,这样依次抽下来,直至抽取到最基本的元素构成样本为止。社会调查中,当总体的规模比较大,或者总体分布的范围特别广时,调查者一般采取多段抽样的方法来抽取样本。例如,要调查全市工人的收入情况,那么全市的工人就为调查的总体。按照多段抽样的方法,可以将抽样分为以下几个阶段进行。

(1)以全市的企业为抽样框,按照简单随机抽样(系统抽样或者分层抽样)的方法抽取一部分企业。

(2)在抽中的企业中,接着按照简单随机抽样(系统抽样或者分层抽样)的方法抽取部分车间为抽样框。

(3)在抽中的车间内,按照简单随机抽样(系统抽样或者分层抽样)的方法抽取工人样本。

在运用多段抽样方法时,要注意保持类别和个体之间的平衡。例如,要在一个城市抽 1 000 名大学生作为调查样本,调查者既可以选择先抽取 20 所大学,再在每所大学抽取 50 名大学生的方式;也可以选择先抽取 5 所大学,然后在每所大学抽取 200 名大学生的方式。对于如何确定每一级抽样的元素数目,主要考虑以下三个方面。

第一,各个抽样阶段中的子总体同质性程度。

第二,各层子总体的人数。

第三,调查者所拥有的人力、物力和时间。一般来说,抽取的类别相对较多、每一类中抽取的元素相对较少的做法效果较好。但是,抽样的过程和付出也相对较大。

多段抽样与整群抽样一样不需要总体的全部抽样框,抽样过程比较容易,因此适用于范围特别广、对象层次特别多的社会研究。但由于每级抽样都可能产生误差,故这种抽样方法在所有概率抽样方法中抽样误差最大。但是调查者可以采取一定的措施减少多段抽样的误差,即在同等条件下,相对增加开头阶段的样本数而适当减少最后阶段的样本数,这样可以将开头阶段所选的群中个体元素的异质性包括在样本内。

二、非概率抽样

非概率抽样,是指调查者根据主观经验和意愿或其他因素来抽取样本的方法。非概率抽样一般包括以下几种。

(一)偶遇抽样

偶遇抽样,又称方便抽样或自然抽样,是指调查者根据现实情况,为了方便调查,在一定时间、一定环境里任意将所能遇见到或接触到的人作为样本的方法。例如,在街头、十字路口、车站等公共场所拦截过往的行人进行调查,又如在商场、电影院门口对进出的顾客、观众进行调查等。一般电视台、电台、报社的记者多用这种方法调查公众对某些刚刚发生的热点事件的反应。

需要注意的是,偶遇抽样不等同于随机抽样。偶遇抽样与随机抽样从表面上看来都排除主观因素影响,纯粹依靠客观机遇抽取样本,但它们有一个根本性的区别,即偶遇抽样并不保证总体中每一个元素都有同等的被抽中的机会,那些最先被碰到的、最容易见到的、最方便找到的对象具有比其他对象大得多的被抽中机会。例如,在十字路口拦截过往的行人调查对最近某一热点新闻的看法时,就将并没有经过该路口的行人排除了。又如,杂志内所附的读者问卷调查就把并没有订阅该杂志的读者排除在外了。所以偶遇抽样具有明显的偶然性,可信度较低,一般不用偶遇抽样的结论去推断总体。但是,偶遇抽样具有的简捷、省时、快速的特点,使其常用于某项研究的初步调查中。

（二）判断抽样

判断抽样，又称主观抽样，是指调查者根据研究的目标和自己的主观经验来选择和确定样本的方法。这种抽样首先要确定抽样标准，而抽样标准的确定往往带有主观性。例如，在设计调查问卷时，调查者经常有意地选择一些观点差异较大的人来检验问题设计得是否得当。又如，统计部门在编制物价指数时，往往是选择有代表性的商品价格作为样本。因此，判断抽样的运用往往取决于调查者的理论素养、实际经验和能力以及调查者对调查对象的了解程度和判断能力。

判断抽样的优点在于它省略了编制抽样框等前期程序，可以充分发挥调查者的主观能动性。在调查对象总体规模较小、调查所涉及的范围较窄的情况下，如果调查者对总体的情况比较熟悉、分析判断能力较强、调查研究方法十分熟练、研究的经验比较丰富时，采用判断抽样就能够取得方便、节约的效果。但是如果调查对象总体规模较大，而调查者又对总体的情况并不熟悉，那么按照这种方法得出的结论代表性较差，只能用来说明某些问题，不能用来推断总体的情况。

（三）定额抽样

定额抽样，又称配额抽样，是指调查者首先确定所要抽取样本的数量，再按照总体的某项特征将总体分为若干类或若干比例，然后按照一定标准从中任意地抽取样本的方法。进行定额抽样时，调查者要尽可能地依据那些有可能影响研究变量的因素来对总体进行分类，并找出具有各种不同特征的元素在总体中所占的比例。这样得出的样本中的元素在各项特征和在样本的比例上非常接近总体情况。例如，假设某大学有 5 000 名学生，其中男生占 60%，女生占 40%；文科学生和理科学生各占 50%；一年级、二年级、三年级、四年级学生分别占 40%、30%、20% 和 10%。接着用定额抽样抽取一个规模为 1 000 人的样本。依据总体的构成和样本规模,可得到如表 4-3 所示的定额样本分布表,该表的最下面一行即样本中具有各种特征的学生数目。

表 4-3　1 000 名学生的定额样本分布表

	男生(600 人)		女生(400 人)	
	文科(300 人)	理科(300 人)	文科(200 人)	理科(200 人)
年级	一 二 三 四	一 二 三 四	一 二 三 四	一 二 三 四
人数	120 90 60 30	120 90 60 30	80 60 40 20	80 60 40 20

定额抽样能较全面地展现总体的全部特征,在对总体的反映上与偶遇抽样、判断抽样相比更具有代表性,但是定额抽样仍然有以下两个缺点。

第一,定额抽样是在规定了样本分类后由调查者按照主观意愿、主观经验来抽取调查对象,往往具有较大的随意性而缺乏理论根据,得出的样本调查结果不能推断总体特征。

第二,定额抽样对定额的比例要求精确,但由于对调查对象的分层不可能涵盖总体的所有属性,并且总体的结构特征信息并不容易获得,因此造成定额抽样难以实施。

另外还需要注意的是,定额抽样与分层抽样虽然方法上有些相似,但有着本质上的区别。

首先,两者分层的目的不同。定额抽样注重的是样本与总体在结构比例上的表面一致性;而分层抽样一方面要提高各层次之间的异质性与各层次内部的同质性,另一方面要注重某些比例小的层次,使得所抽样本更具代表性,误差更小。

其次,两者的抽样概率不同。定额抽样是按照调查之前规定的某些条件或特征,有目的地寻找符合特征的样本;而分层抽样则是客观地在各层次或类型之间进行抽样,每一个元素被抽取的机会都是相等的。

(四)滚雪球抽样

滚雪球抽样,是指先随机选择少量的甚至个别的调查对象进行访问和调查,通过他们提供的线索再去寻找新的调查对象的方法,这种方法对调查对象的收集就像滚雪球一样越滚越大,直到达到调查的目的为止。

滚雪球抽样适用于总体的信息不充分或难以获得的情况下,这种情况难以用其他抽样方法去进行调查。滚雪球抽样对于某些特殊群体,如球迷、影迷、吸毒者等的调查往往可以收到非常好的效果。例如,调查退休老人的生活情况,可以在早晨去公园结识几位晨练的老人,通过他们认识其他老人,不久就可以结识一大批退休老人,从中搜集所需要的资料。

另外需要注意的是,通过滚雪球抽样产生的样本一般缺乏代表性。例如,当调查总体规模较大时,滚雪球抽样就无法涵盖较多的调查对象,而且这些特殊群体有时会出于某种考虑而故意漏掉一些重要线索。这些都会导致抽样样本产生误差,最终无法准确反映总体状况。

第三节　样本规模与抽样误差

样本规模和抽样误差是抽样调查非常重要的两个内容,本节分别对两者加以阐述。

一、样本规模

(一)样本规模的概念

样本规模,又称为样本容量,指的是一个样本中所含有的抽样元素数目。一般来说,样本规模越大,样本的代表性越强,反之则越弱。在社会调查中,调查者不仅需要以样本为整体来计算平均数、标准差等,而且需要将样本中的个案按不同的指标划分为不同的层次,而要保证划分的每个层次中有一定数量的单位,就必须保证一定的样本规模。一般而言,社会调查中的样本规模不能少于 100 个。

样本规模有一定的计算公式。例如,在简单随机抽样中推论总体平均数的样本规模的计算公式为:

$$n = \frac{t^2 \times \sigma^2}{e^2}$$

在这个公式中,t 为置信度所对应的临界值,σ 为总体的标准差,e 为抽样误差。

推论总体百分比的样本规模的计算公式为:

$$n = \frac{t^2 \times p(1-p)}{e^2}$$

在这个公式中,t 为置信度所对应的临界值,p 为总体的百分比,e 为抽样误差。

但是在实际操作中,由于总体的标准差往往是未知的,所以调查者往往无法通过上述公式计算出所需的样本规模,而一般采用下面这个公式:

$$n = \frac{t^2}{4e^2}$$

在这个公式中,t 为置信度所对应的临界值,e 为抽样误差。根据这个公式,可以保证样本规模足够大。

(二)影响样本规模的因素

在社会调查中,样本的规模会受到以下几个因素的影响。

1. 总体规模

一般来说,总体规模越大,则样本规模越大。但需要注意的是,当总体规模大到一定程度时,样本规模的增长速度并不和总体规模的增长速度一致。如图 4-1 所示,该图在假设置信度为95%、置信区间为±3%以及总体参数值以 50% 对 50% 的比例均分的情况下,表现出了当总体规模达到一定程度时,样本规模的改变幅度是很小的。

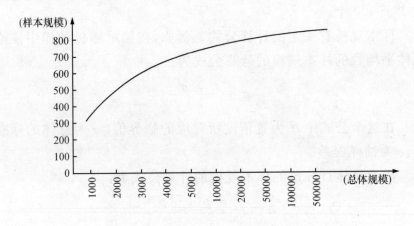

图 4-1 不同总体规模所需要的样本量[①]

2. 总体元素的异质性程度

总体中的各个元素之间的差异性对样本规模的大小有较大影响。一般来说,相同条件下,在异质程度较高的元素中进行抽样时,所需的样本规模要大一些,而在异质性程度较低的元素中进行抽样时,所需的样本规模要小一些。其主要原因在于,总体各元素之间的异质性程度低,表明同质性程度高,元素之间的波动性小,同样规模的样本对总体的反映就越准确,所需的样本规模就较小;而总体各元素之间的异质性程度高,表明同质性程度低,则元素之间的波动性大,同样规模的样本对总体的反映程度越差,所需的样本规模就越大。

另外需要注意的是,还有一种因素与总体元素之间的异质性程度有关,即总体中的大部分成员对某一个问题的回答大都相同或不同时。例如,在某个抽样调查中,80% 的成员的回答为 A,只

---

① 风笑天:《现代社会调查方法》,武汉:华中科技大学出版社,2009 年,第 89 页。

有 20% 的成员的回答为 B,那么此时所需要的样本规模就相对较小;而当回答为 A 或 B 的成员比例都为 50% 的时候,所需要的样本规模最大。

3. 抽样的准确性要求

抽样的准确性要求也会影响样本规模的大小。一般而言,在社会调查中,置信度和置信区间是衡量抽样的准确性的两个概念。在相同条件下,置信度越高,抽样的准确性程度越高,则所要求的样本规模也越大,而置信度越低,抽样的准确性程度越低,则所要求的样本规模也越小。根据统计,在允许抽样误差为 2% 的前提条件下,置信度为 95% 和 99% 所对应的样本规模分别为 2 401 和 4 147[①]。而置信区间则是指总体值和样本值之间的误差范围,在相同条件下,置信区间越小,表示总体值和样本值之间的误差越小,则要求的样本规模越大,而置信区间越大,表示总体值和样本值之间的误差越大,则要求的样本规模越小。根据统计学家统计,在 50%~70% 的置信区间下,样本规模为 100;在 57.5%~63% 的置信区间下,样本规模为 1 600;在 56.2%~63.2% 的置信区间下,样本规模为 800;在 58.5%~62% 的置信区间下,样本规模为 3 200[②]。

通过以上这些数据可以看出,置信度和置信区间对样本规模的影响是非常大的。

4. 调查者的人力、财力和时间

在社会调查中,调查者所拥有的人力、财力和时间等外在因素也会对样本规模的大小产生影响。一般而言,样本规模越大,得出的结论往往越准确,但是样本规模越大,意味着需要投入更多的人力、财力和时间,而受到实际情况的种种制约,样本调查往往会受到一些限制。

总之,样本规模的大小受到多种因素的影响,在实际调查中需要根据调查内容的实际情况进行选择。据风笑天著的《现代社会调

---

① 风笑天,龙书芹:《社会调查方法》,北京:中国人民大学出版社,2012 年,第 49 页。
② 风笑天,龙书芹:《社会调查方法》,北京:中国人民大学出版社,2012 年,第 51 页。

查方法》一书中的统计,一般小型规模的调查,样本规模应在100～300之间;中型规模的调查,样本规模应在 300～1 000 之间;大型规模的调查,样本规模应在1 000～3 000之间[①]。

二、抽样误差

抽样误差指的是样本值和总体值之间存在的误差,由于抽样的随机性,这种误差是不可避免的。例如,调查大学生的课外名著阅读情况,如果抽取的样本多是平常就喜欢阅读名著的学生,那么得出的结论就会高于总体大学生课外阅读的情况,反之则会低于总体大学生课外阅读的情况。但是值得注意的是,抽样误差的大小是可以进行控制的。

抽样误差主要取决于样本规模和分布方差。当样本规模增加时,样本统计量的随机波动程度就会降低,从而使抽样误差也降低。在简单随机抽样中,主要就是通过扩大样本规模的方式来降低抽样误差的;而在分层抽样中则是通过缩小总体元素之间异质性程度或者分布的方差,即将总体划分为不同的层次或类型,使得抽样误差不存在层次之间的变差成分,这样就降低了总体分布的方差,使抽样误差也随之降低。

另外,在抽样误差和样本规模之间的关系上还应该注意下面两个问题。

(1)在样本规模较小的情况下,样本元素增加一些,就会使抽样误差出现明显的降低。

(2)在样本规模较大的情况下,增加一些样本元素,抽样误差不会发生明显改变,所以并非样本规模越大越好。当样本规模达到一定程度时就没有必要再增加样本元素了,以减少人力、财力和时间上的浪费。

[①] 风笑天:《现代社会调查方法》,武汉:华中科技大学出版社,2009 年,第 91 页。

第五章　社会调查其他主要方法研究

除了问卷设计和抽样调查之外，应用于社会调查研究的方法还有文献法、实验法、观察法和访谈法等。本章主要对前三种方法的相关知识进行简要阐述。

第一节　文献法

文献法是进行社会调查研究常用的方法之一。社会调查研究的基础工作就是对某研究领域过去的成果即文献进行梳理和占有。因此，了解文献法的相关知识对社会调查具有十分重要的意义。

一、文献法的内涵

(一)文献法的概念

要了解文献法的概念，需要先了解文献的相关知识。

文献最早是指历史典籍，后来又泛指社会中记载信息的一切书面文字材料。随着社会的发展，信息传播的载体也越来越多样化，记录人类知识的文字、图像、符号、视频、音频等载体也被称为文献。20世纪以来,特别是第二次世界大战之后,在科学技术高速发展的推动下,文献的范围越来越大,并呈现出数量急剧增加、类型日益丰富、内容重复交叉、质量良莠不齐、速度快、失效快、寿命短等特点。这要求人们必须多渠道地、广泛地、及时地搜集文献,并花费大的气力,沙里淘金,去粗取精,去伪存真,才能获得真知灼见。

当前,文献要具备三个基本要素才能称之为文献,一是必须有知识内容的表现,二是必须有一定的物质载体,三是必须有人类的记录行为,否则就不能称为文献。可见,真正现代意义上的文献是指用一定记录方式记录知识的一切物质载体。

文献法也称历史文献法,就是搜集和分析研究各种现存的有关文献资料,从中选取信息,以达到某种调查研究目的的方法。它所要解决的是如何在浩如烟海的文献群中选取适用于课题的资料,并对这些资料作出恰当分析和使用的问题。[①]

(二)文献法的特点

和其他资料搜集方法相比较,文献法具有以下三个比较突出的特点。

第一,历史性。文献法不是对正在发生的社会情况的调查,而是对社会过去曾经发生过的事情和已经获得的知识所进行的调查。通过文献法收集到的资料可以超越时空条件的限制。

第二,稳定性。文献法在实施过程中,所接触的是无知无觉的物(文献),而不是有情绪有思想的人,因此不会产生研究中常见的"干扰效应"。而且,文献始终是一种稳定的存在物,不会因研究者不同而发生改变,也不会受研究者的主观认识或态度的影响,稳定性很强。

第三,间接性。文献法无需和社会中的个体发生直接接触,

---

① 周孝正,王朝中:《社会调查研究》,北京:中央广播电视大学出版社,2005年,第111页。

它所面对的是各种间接性的第二手资料。

(三)文献法的地位

在社会调查研究中,文献法具有特殊的地位,这主要表现在以下两方面。

首先,文献法是最基础和用途最广泛的搜集资料的方法。任何社会调查研究前期的课题的选择、确定和探索性研究以及方案设计,都必须先从文献调查入手。即使进入了具体调查阶段,仍然需要进行文献调查。在采用其他调查方法时也需要利用文献来做必要的证明和补充。而且,由于受人、财、物或某些客观条件所限,有些社会调查研究只能以文献法作为基本的收集资料手段。可见,对于所有的社会调查来说,文献法都是必不可少的。

其次,文献法是一种独特的和专门的研究方法,这是它与问卷法、测量法、访谈法、观察法、实验法等其他调查方法之间最显著的区别。其他方法都要借助文献法才能完成选择课题到搜集资料的全部工作,而文献法本身就可以独立完成这些工作。

(四)文献法的作用

文献法有广泛的应用价值,主要体现在以下几方面。

首先,文献法能作为社会调查的先导。文献资料能帮助调查者确定研究课题、研究重点和建立研究假设。

其次,文献法能为社会现象的研究提供现实的依据,如根据报纸上、杂志上刊登的大量经济犯罪案件,可以对改革开放条件下,经济犯罪的某些规律作深入的探讨。

最后,文献法能为比较研究和动态研究提供必要的依据。

二、文献资料的类型

根据不同的标准,文献资料可以作许多不同的分类,常见的分类主要有以下几种。

(1)依据资料来源的不同,文献可分为个人文献、官方文献、社会组织文献和大众传播媒介文献。

(2)依据物质载体的不同,文献可分为甲骨文献、铜器文献、竹木简牍文献、布帛文献、纸张文献、胶卷文献、磁带文献、光盘文献、磁盘文献、网络文献等。

(3)依据记录技术的不同,文献可分为手工型文献、印刷型文献、感光型文献、录制型文献、电子型文献等。

(4)依据出版发行方式的不同,文献可分为公开出版发行文献和内部印发文献。

(5)依据文献加工层次的不同,或者说根据文献作者与文献的相关程度的不同,文献可分为原始文献、一次文献、二次文献和三次文献。

(6)依据学科领域的不同,文献可分为社会科学文献和自然科学文献。其中,社会科学文献又可分为经济学文献、政治学文献、社会学文献等,自然科学文献又可分为物理学文献、化学文献、生物学文献等。

(7)依据保密程度的不同,文献可分为公开文献、内部文献、秘密文献、绝密文献等。

(8)依据文献资料的形式不同,文献可以分为文字文献、数字文献、图像文献和有声文献。

三、文献法的步骤

文献法的步骤主要有文献搜集、摘录信息、文献分析三个,在文献法独立或主要担纲的调查研究中,这些步骤缺一不可。

(一)文献搜集

文献法的实施是从文献搜集开始的。只有广泛搜集文献,对所需要的文献资料做到心中有数,才能保证文献法的顺利进行。

所谓文献搜集有广义与狭义之分。广义的文献搜集是指将文献按照一定方式集中组织和存储起来,并按照文献用户需求检索和收集有关文献或文献中包含的信息内容的过程。狭义的文献搜集则专指后者。社会调查研究中文献法所使用的是狭义的文献搜集概念。①

1.文献搜集的基本要求

使用文献法进行资料搜集的工作,实际上就是不断地进行文献搜集、文献阅读和文献摘记的工作。要想在文献搜集过程中"去粗取精",获得高质量的文献,就必须做到以下几点要求。

(1)针对性强。

搜集文献必须具有较强的针对性,这是搜集文献的最基本的要求。如果所搜集文献中夹杂了太多对完成调查课题无用的成分,不仅影响调查研究的信度和效度,而且浪费人力、物力、财力。

(2)内容丰富。

就完成某一调查课题而言,搜集的文献要尽可能地做到内容全面,涉及面要尽可能宽,种类要尽可能丰富,既可以有正面的材料,也可以有反面的材料;既可以有过去的文献,也可以有现在的文献;既可以有本学科的专业文献,也可以有本学科相关专业的文献;既可以有典型材料,也可以有综合材料。总之,凡是和本调查课题有关的文献,都应千方百计地搜集。

---

① 周孝正,王朝中:《社会调查研究》,北京:中央广播电视大学出版社,2005年,第112页。

（3）形式多样。

搜集文献的形式要尽可能地多样，既要搜集各种印刷型文献，也要搜集声、像、网络等类型的文献；既要注意公开出版物，也要注意未公开或内部的资料等。总之，凡是与调查课题有关的各种形式的文献，都要尽量地收集。

（4）真实可靠。

搜集文献时，要考量文献作者是否有可能掌握有关事实以及文献内容是否真实反映了事物的客观情况，评估文献的可信度，从而选择可信度高的文献，确保内容真实可靠。

（5）有用性高。

有用性指的是收集的文献要有用，要包含对调查课题有用的知识，这是文献搜集的最主要的要求。如果文献的内容对调查课题毫无帮助，即使其本身质量很高，也失去了收集的意义。

（6）注重时效。

当今是信息大爆炸时代，对于与调查课题有关的各种新资料、新信息必须反应敏捷，要及时了解、及时搜集、及时研究、及时利用，保证调查研究的时效性，避免调查成果失去实用价值。

（7）系统连贯。

所搜集的文献的内在结构要具有系统性，不能有明显的漏项或弱项。同时，还要保证文献时序的连续性。时序的连续性指的是围绕调查课题收集的文献，在时序上要有一定的连续性和累积性，不能时断时续。否则，收集的材料只是一个个片段，内容上不完整，而残缺不全的资料是不能用来说明任何问题的。

（8）代表性强。

文献的代表性是指文献的内容、形式要件等能起到典型性的作用，这与其权威性既有联系又有区别。一般情况下，权威文献的代表性更强，但并不意味着所有权威文献都一定是典型的、有代表性的。因此，要通过比较精选最符合研究需要的文献。

总之，只有满足了上述基本要求，文献收集工作才能圆满完成，才能进一步开展摘取文献信息等后续工作。

2. 文献搜集的方法

在进行文献搜集时，一般可以使用检索工具查找法、参考文献查找法和循环查找法三种方法。

(1)检索工具查找法。

检查工具查找法是利用已有的检索工具查找文献资料的方法。检索工具查找法可以分为两大类：人工文献检索和计算机文献检索。

人工文献检索是指以人工翻阅检索的方式，利用工具书(包括图书、期刊、目录、卡片等)来检索信息的一种检索手段。这种方法主要借助两类工具，即有关机构编制出版的文献检索工具和图书馆编制的目录。有关机构编制出版的文献检索工具按其著录形式可分为目录、索引、文摘和全文等几种形式。图书情报机构(主要是图书馆)编制的目录是更为常用的检索工具，不仅可以提供文献的线索，更可以成为获取文献具体内容的直接通道。各级各类图书馆都有自己的馆藏目录，目录的种类很多，目前我国图书馆仍普遍采用卡片式目录，大致有分类目录、书名目录、著者目录和主题目录四种。利用人工文献检索搜集文献，可以使用顺查法，也可以使用倒查法。顺查法即按时间由远及近、逐年逐月的顺序进行查找，通常用于围绕特定专题收集一定时期内的相关文献时。倒查法即按时间由近及远、回溯而上的顺序，通过一边收集一边筛选的方式进行查找。人工文献检索简单、灵活，容易掌握，但费时、费力，而且很容易造成误检和漏检。

计算机文献检索是研究者在计算机或计算机检索网络的终端机上，使用特定的检索指令、检索词和检索策略，从计算机检索系统的数据库中检索出所需要的文献信息的一种方法。[1] 在互联网上查找文献，主要有两种方式：一是登录专门网站检索。目前，国内外绝大多数政府部门、学校、科研机构、图书情报机构、大众

---

① 谭祖雪，周炎炎：《社会调查研究方法》，北京：清华大学出版社，2013年，第176页。

传媒机构、企事业单位都有自己的网站,只要按照其网址上网登录,即可从容查找有关信息。二是利用大型门户网站的搜索引擎查找,如"Google"和"百度",只要输入要查询的"书名""主题""关键词"等具体信息,就可以获得相关的文献条目。计算机文献检索的优点有很多,如方便快捷、功能强大、获得信息类型多、检索范围广泛等,它是当前被广泛采用的一种文献检索方法。但目前许多网络资源尚在建设过程之中,文献还不系统、完全,不能取代其他文献检索方法。

（2）参考文献查找法。

参考文献查找法,也称追溯查找法,即利用著作者本人在文献末尾所列出的参考文献目录,或者是在文献中所提及的其他文献名目,追踪查找有关文献资料,再利用追踪查找到的有关文献所列出的参考文献或者文献中提及的其他文献名目,进而追踪查找更多有关文献资料,如此一步一步地向前追溯,直到完成文献搜索工作为止。[①] 这种方法虽然不如用检索工具查找法所得的文献那样全面和广泛,但因文献比较集中而省时省力,常能及时捕捉到一些最新的研究成果,效果出彩,也是甄别文献的重要途径。

（3）循环查找法。

循环查找法是将检索工具查找法和参考文献查找法交叉使用,循环查找,也叫分段查找法。使用循环查找法,既可以先用参考文献查找法查找出更早一些的文献,然后再用检索工具查找法扩大查找文献的范围;也可以先用检索工具查找法查找出相关的文献资料,然后再采用参考文献查找法,去查找更多的文献,如此交替使用,直到收集到研究所需的全部文献为止。

可见,检索工具查找法是文献搜集的主要方法,而参考文献查找法和循环查找法较适合于在缺乏检索工具或图书情报机构较少的部门或地区使用。

---

① 吴增基,吴鹏森,苏振芳:《现代社会调查方法》,上海:上海人民出版社,2009 年,第173 页。

3.文献搜集的途径

目前,文献搜集的途径主要有三种,即个人、机构和互联网。

第一,对于那些未公开发表的个人收藏的文献,如日记、信件、自传、回忆录等,应根据线索,主动联系文献的主人,在征得主人同意的情况下,采取借、租、复印等办法搜集。

第二,对于那些为公开发表的机构收藏的文献,如企事业单位、社会团体的规章制度、统计报表、总结报告,官方不宜公开的各种规章制度、文件、统计数据等内部资料,宗教组织的教义、教规,宗族的族规、家谱等,应按照一定的规定和程序,向相关单位直接索取、租、借、复印复制或文献交换等。在某些特殊情况下,还可通过上级主管部门下达指令采用征集、调拨等方式搜集。某些特别的历史档案则可到专门的档案管理机构去采取借阅、复印等方式搜集。

第三,对于那些公开发表的文献,如各种正式出版发行的刊物、书籍、磁带、光盘等,可以从互联网上相关数据库中下载。对于那些未正式发行但已经在网上公开发表的文献,则可以通过下载、复制等方式来进行搜集。

4.文献阅读的方法

搜集文献的过程中必然要对文献进行阅读,在阅读文献时,应该采取先粗读后精读的方法。

所谓粗读,就是浏览文献的内容提要、序言或摘要,对文献的内容、轮廓、主要思想等问题有个大致的了解。

所谓精读,就是在粗读的基础上筛选资料,并对其进行深入细致的阅读,以了解文献产生的时间、方法、结论和其他重要内容。

需要注意的是,阅读文献资料要结合自己的专业,结合自己的研究课题,结合具体的研究任务;并且要及时、经常进行;要在长期累积的基础上有计划地进行。

5. 文献搜集的注意事项

（1）尽量注意收集原始文献资料。原始文献资料要比次级资料更为可靠，它可以成为分析研究的重要依据和比较研究、动态研究的重要资料来源，因此应当尽量注意查找到文献资料的最初出处，提高文献资料的权威性和可靠性。

（2）重视文献资料的鉴别与筛选。搜集到的文献资料必须经过真伪、可靠以及对说明研究主题是否有效等的鉴别和筛选，才能加以使用。

（二）摘录信息

所谓摘录信息，是指从检索和收集的文献中摘取并记录与调查课题有关的信息的过程。

1. 摘录的内容

摘录的内容主要是文献中的研究方案、具体的研究方法、作者的基本观点、结论与建议、尚未解决的问题等，以及文献中提到的数据、公式、图表等，当然还可以包括自己对文献的思考、意见或批注。

2. 摘录的原则

摘录信息要遵循一定的原则，一是要有针对性地摘取，即定向性原则；二是要对摘取的信息进行反复检验核实，确保其准确无误，即准确性原则；三是要记录自己对资料的理解、疑问、困惑等，即评述性原则；四是在摘录文献的原文、主要信息、文献出处等信息时，要按照相关的格式和规范的要求来进行，即规范性原则；五是要通过列出主题、标出关键词等方式对自己所摘录的信息建立索引和交叉参考文献，确保自己能快速查找到要用的内容，即有效管理原则。

3.摘录的工具

摘录的工具主要有编录单和卡片两种。编录单是对文献材料进行观察和记录的工具,其形成及其结构都有赖于编录单位的选择,编录单上内容的分类要满足互斥性,不能包含或交叉。卡片主要包括三个功能区,分别是内容区、索引区和标注区。内容区主要用来抄录文字性文献信息原文或者摘要摘记,或对录音、录像和网络信息等进行文字化整理。索引区主要由研究者设置一至三个关键词作为索引词,方便日后查找。标注区主要用来标注研究者对所记录信息的来源文献特征。不管何种摘录方式,摘录和保存时都必须附有原文出处,其作用一是备查,二是将来引用时可注明出处。

4.摘录的步骤

摘取信息一般有浏览、筛选、精读、记录等步骤。

(1)浏览。

浏览,就是文献搜集告一段落后,应将搜集到的文献资料全部快速阅读一遍(包括对音像文献的视听),以对它们有个初步认识,即大致了解文献的内容,初步判明文献的价值。[①]

浏览的关键在于速度快,要达到几十分钟翻完一本数十万字的书的速度。要做到这一点,需要注意四个方面的问题:一是粗读,"一目十行"或"草草一听",迅速了解文献的基本思路、大概内容和主要精华即可;二是只注意文献的筋骨脉络、主要观点和有关数据;三是浏览时精神一定要高度集中,同时大脑要不停顿地高速运转,眼、耳、脑集中在一处;四是先以文献的重点部分作为切入点,如著者、提要、目录、前言(或序)、后记(或跋),以及注释、图表、参考文献、索引等,论文或其他体例的文献则要重点关注它的篇幅、大小标题、主要观点、论证和数据等,并对这些重点部分

---

① 周孝正,王朝中:《社会调查研究》,北京:中央广播电视大学出版社,2005年,第119页。

投入相对多一些的时间、精力,从而尽快了解文献的基本情况。

(2)筛选。

筛选是以浏览为基础,根据课题需要,从搜集到的文献中选出可用的部分。

筛选要注意三个方面的问题:一是要注重文献的质量,通常对公开出版发行的各类文献、未公开出版发行的官方机构和社会正式组织的内部资料、在互联网上公开发表的官方机构和社会正式组织的文献质量的筛选比较简单,只需分门别类即可,但对于未公开出版发行的个人文献和在互联网上公开发表的个人文献一定要仔细甄别,做到去伪存真,正本清源,选优汰劣;二是要注重所选文献的代表性,要从时间的角度选出不同时期的代表作;三是要注重从应用的角度区分文献的层次,先从所有文献中选出备用文献,然后从备用文献中选出应用文献,再从应用文献中选出必用文献。

(3)精读。

精读就是认真、仔细地阅读筛选出的可用文献,着重在理解、联想、评价等方面下功夫,不但要认真理解文献所阐述的观点,详细了解文献所引用的事实,而且要把它们与其他文献进行反复对比和研究,还要客观地判断和全面地评价义献所阐述的思想和引用的事实同调查课题之间的关系。必用和应用文献往往需要反复地阅读、思考。

(4)记录。

记录就是把在精读中确认的有价值信息记录下来,供进一步分析研究之用。记录的最基本要求是及时,最好与精读同步,边读边记。记录的方法主要有标记、批注、抄录、编制纲要以及撰写札记等。

标记就是直接在书上做记号,可边读边记,简便、省时。常用的标记方法主要有下面几种。

着重号——表示关键性的字词。

直线——表示比较重要的内容。

曲线——表示特别重要的内容。

夹线——定义或经典论述。

惊叹号——对某些内容表示欣赏。

问号——对某些观点表示疑问。

三角号——揭示一段文字中并列的几个观点。

双圈号——表示一段重要内容的结束。

批注就是在图书、期刊正文上面的空白边（称"书眉"或"天头"）或正文下面的空白边（称"地脚"），注上简单的订误、校文、音注、心得、体会、评语或疑问等。[①]

抄录是将文献中有价值的信息原封不动地照抄下来的一种方法，要注明出处和主题，包括作者、书名或篇名、卷次、页码、出版单位、出版日期、抄录信息的主题等。通常是一条信息资料使用一张卡片。

编制纲要就是把整本书或整篇文章的框架结构、基本观点、主要事实和数据，用概括的语句和条目的形式依次记载下来，要注意保证原文的结构、逻辑顺序和所阐述的思想观点。

撰写札记是在阅读文献后，将感想、心得、意见、疑点、批评等敷衍成文。

随着科技的不断发展，手工的抄录、制作卡片和编制纲要等已逐渐退出历史舞台，取而代之的是高效的计算机操作和简便易行的复印、扫描、网上下载等方法，节省了大量的时间和精力，促进了社会调查的发展。

（三）文献分析

文献分析就是指对文献中的某些特定内容进行分析和研究，来了解其中所反映的外在内容及其本质、规律，以及文献作者和有关人们的思想、感情、态度和行为，并进而达到说明调查研究课

[①]　周孝正，王朝中：《社会调查研究》，北京：中央广播电视大学出版社，2005年，第121页。

题的目的。[①]

文献分析主要可以分为文献定量分析和文献定性分析两种。

1. 文献定量分析

文献定量分析是对各种文献的明显内容进行客观的、系统的和定量的描述，也叫内容分析。"明显内容"是指各种文献外在的、表面的内容。

文献定量分析的程序主要有以下几个。

（1）抽样。

样本抽样是定量分析的开端。抽样的对象是所有可搜集到的有关文献。较常用的抽样方法是简单随机抽样、分类（分层）抽样和分阶段抽样。抽样一般首先是名称抽样，其次是单位抽样，最后是内容抽样，从而形成最终样本。

（2）确定记录单位。

记录单位是具体记录的计量单位，也叫文献观察单位，如文献的主题、项目、人物、词组、概念、句子、段落等。确定记录单位必须遵循穷尽性和互斥性原则，要认真、反复地斟酌文献，根据发掘出的文献具体内容的各个共同因素而确定。例如，我国社会调查专家风笑天以 1952-1956 年、1961-1965 年、1978-1981 年、1986-1989 年总共 208 期《中国妇女》杂志中 316 篇人物通讯报道的 325 位女主人公为抽样样本，根据提炼出的一些共同因素所设的记录单位有年龄、文化程度、政治面貌、行业、职业、劳模状况、主要事迹等项。[②]

（3）编录。

编录是给所确定的各个记录单位制定或赋予数字符号（数值），并将这些数值按一定顺序排列，制成编录单，以便对其进行量化分析和统计。

---

① 周孝正，王朝中：《社会调查研究》，北京：中央广播电视大学出版社，2005 年，第 112 页。

② 风笑天：《变迁中的女性形象》，社会，1992 年第 7 期。

（4）计量。

在记录单位确定和编录完成后，就可以进入定量分析最重要的分析环节了。分析的方法主要有以下四种。

第一，计词法。这是最简单、最常用的方法，主要用于以单词、主题、类型为记录单位的情况，具体做法是统计这些单词或代表主题、类型的关键词在各个样本中出现的频数和比例，然后进行比较。

第二，概念组分析法。这是将与分析内容有关的关键词分成小组，每组代表一个概念，同时也是理论假设中的一个变量，但单词仍然是其记录单位。

第三，空间分析法。这是通过计量某一内容在多篇文献构成的样本总体中所占的篇幅、位置等，分析它在文献中所处的地位。这种方法常用于对大众传播媒介类文献的分析。

第四，语义强度分析法。这是按记录单位的质的不同差异程度给以相应的加权数，根据其统计结果，可以说明文献及其所代表的人们对某一问题的看法。这种方法常用于需要表示事物质的差异程度或人们态度的强弱程度的分析。

2. 文献定性分析

文献定性分析是通过对文献内容的分析，来揭示文献所反映事物的性质、本质特征及其发展规律的方法。这种方法侧重对文献的个案研究，关注文献作者的动机与影响效果，注重对文献内容的含义和深层解释，是最常用的一种文献分析方法。

文献定性分析主要有以下几个步骤。

第一，整理资料。即将所摘录的文献资料按问题的不同分别归类，排出大致的顺序，并加以编号。

第二，分析和确定文献资料与调查研究主题之间的关系。即首先仔细地、反复地推敲初步整理好的文献资料，理清文献资料内在的逻辑关系，从中归纳出一个个精准的概念，并进一步由概念演绎成推理，形成基本观点；然后认真思考这些基本观点及其所反映的内容与调查研究主题之间的关系,明确其要义、逻辑层次和逻辑顺序,形成课题的理论架构。这是文献定性分析的重中之重。

第三,初步确定调查研究课题的基本框架。即对原定文献资料做进一步的筛选,确定其中必用的成分,舍弃无用部分,形成课题的内容框架,并结合理论架构形成课题的基本框架。

人们在进行文献分析时,经常是两种分析方法兼而用之,二者相互依存,相互渗透,相互结合,相互补充,这才是文献分析的正确途径和发展方向。

总之,文献法的三个步骤既可以分别进行,也可以交叉运用,具体使用,要视调查者的习惯与方便而定。

四、文献法的评价

受资料的来源、形式以及收集和分析资料的方法的影响,文献法具有许多区别于其他调查方法的特点,也形成了其自身的优点与缺点。

(一)文献法的优点

文献法的优点主要表现在以下几方面。

第一,超越时空限制。文献法可以研究那些年代久远及无法再现或接触不到的调查对象,如历史事件、犯罪事实等,都不可能重演,其事实是以各种不同的文献形式记录和描述下来的。特别是在对历史文献进行研究的过程中,可以通过考察一个较长的时间段,发现与调查主题相关的某些能够体现规律性的事件,从而为解释社会现象和提出对策提供更为可靠的依据。因此,调查者可以超越时空条件的限制,通过考察古今中外的文献进而了解极其广泛的社会情况。

第二,效率高,花费少。由于基本不受时间、空间的限制,文献法可以用很少的人力、经费、时间,获得比其他调查方法更多的信息,效率高。同时,文献一般集中存放在档案馆、图书馆、研究中心等地方,随时可以去查阅、去摘录,花费低。尤其在信息技术日益发达的今天,其效率是其他调查方法所无法相比的。

第三,文献法比较方便、自由,受外界因素的干扰相对较小。由于各种形式的文献研究都不需要直接同人打交道,而只是面对那些业已存在的文字材料、数据资料以及其他形式的信息材料,所以,在整个研究过程中,调查对象不会因调查者的影响而发生变化。同时,文献法具有间接性、无反应性的特点,所以也不会因调查对象不配合而对收集资料产生影响。只要找到了相关文献就可以随时随地地进行研究,即使出现了错误,也可以有效弥补,安全系数较高。

第四,文献法成功的概率较高。文献法不存在因设计不周或准备不足而失败的问题。即便在调查过程中发现有不妥之处,对搜集文献做调整甚至重新搜集文献都十分便捷,尤其在计算机技术非常发达的今天,其优势更加明显。

第五,文献法主要使用的是书面调查的形式,可以获得比口头调查更真实、更准确、更可靠、更有系统性的情报,避免了口头调查可能出现的一些误差。

第六,文献法适用于时间跨度大的纵贯剖析或趋势分析。文献法可以充分利用既有的有关文献资料完成这种工作。

(二)文献法的缺点

文献法的缺点主要表现在以下几方面。

第一,缺乏时效性。通过文献法获得的资料都是过去的信息,而社会是不断变化和发展的,因此,使用文献法所得的资料常常缺乏时效性,不能及时反映现状。

第二,真实性欠佳。由于文献绝大多数都是由调查研究者之外的其他人编制而成,其形成过程无法根据调查研究的需要加以控制,所以任何文献都会带上时代的烙印,都会受到撰写者个人因素的影响和制约,这就决定了其内容必定会与真实情况有所差异。这不仅使文献的鉴别、选择和分析工作艰巨难行,而且很可能影响调查研究的信度和效度。

第三,质量得不到保证。对于一项专门的调查研究来说,既有的文献往往不够系统、完全,无法圆满地说明问题。有些文献资料很难获得,而且往往是越有价值的文献越难搜集。尤其是历史性文献,往往是支离破碎的,会对某些特定的社会调查课程产生严重的阻碍,难以保证调查的最终质量。

第四,由于保留下来的文献并非为研究者开展的各种调查工作而制作的,有些文献难以寻觅,如图书馆所藏的孤本、善本和原始影音资料,一般人无法接触;有些文献不许公开,如涉及个人隐私的日记、私人的信件,往往不愿公之于众;某些政府机构、社会组织的文件、决议、记录、统计数字等,也常常属于不允许公开的内部机密等。因此,经常会发生文献资料不足的缺憾。

第五,由于研究者所接触的主要是各种各样的文献,而非社会生活中的个人,从而缺乏对文献所反映的事物直接的体验和感受,对文献的认知会受到限制。

第六,许多文献资料出于并非为调查研究课题的需要而编制,因此缺乏标准化的形式,难于编录和分析,也不易进行必要的对比分析和研究。

这些缺点决定了文献法要与其他调查方法结合起来,才能取得更好的效果。

第二节　实验法

随着社会生产力的发展,世界上出现了真正意义上的科学实验,自然科学因此得以建立和迅猛发展,进入 20 世纪后,科学实验逐渐移植到社会科学领域，从而出现了专门的实验法。

一、实验法的内涵

（一）实验法的概念

实验法也称实验调查法，是实验者有目的、有意识地通过改变某些社会环境的实践活动来认识实验对象的本质及其发展变化规律的方法。[①] 其主要任务是明确实验对象和实验激发之间的因果关系，由此认识实验对象的本质及其发展变化的规律。实验法既是最重要的，也是最复杂、最高级的调查方法。

实验法有四个基本要素，即实验主体、实验对象和实验环境、实验活动、实验检测。实验主体是有目的、有意识地进行实验调查的实验者。实验对象和实验环境是实验调查所要认识的客体及其所处的各种社会条件。实验活动是改变实验对象和实验环境的实践活动，它们有一个专门称谓是"实验激发"。实验检测是在实验过程中对实验对象所作的检查和测定。

实验法包括三个组成部分：一是自变量与因变量，自变量是实验中的激发因素，是引起实验对象变化的原因；因变量是激发因素的受体，是要被解释的现象和变化的结果，在实验中处于关键地位。二是实验组与对照组（也叫控制组），实验组是接受自变量激发的一组对象，对照组则是不接受自变量激发的一组或几组对象。三是前测与后测，前测是进行实验激发之前对实验对象（包括实验组与对照组）所作的测量，后测则是实施实验激发之后对实验对象所作的测量。

---

① 周孝正，王朝中：《社会调查研究》，北京：中央广播电视大学出版社，2005年，第207页。

(二)实验法的基本原理

实验法的基本原理是：实验者假定某些自变量会导致某些因变量的变化，并以验证这种因果关系假设作为实验的主要目标，先对因变量进行测量（前测），再引入自变量实施激发，然后选择其后的某一个时点对因变量进行再测（后测），比较前后两次测量的结果就可以对原理论假设完全证实或部分证实或证伪。

在验证假设时，必须排除那些非自变量激发而引起的因变量的自然变化成分，因为此类的变化与实验者的因果关系假设毫不相干，将其排除在测量结果之外，才能保证实验结论的准确性。这也是在实验组之外另设对照组的意义。

(三)实验法的特点

第一，实践性。实验主体具有实践性，实验法的调查者必须主动地通过自己的实践活动，有目的、有计划地改变实验对象的某些状况，在此基础上调查、研究实验对象的本质及发展变化规律。这是实验法最根本的特点。

第二，动态性。实验对象具有动态性，其本身处于不断的运动和变化之中，实验者同时也会通过连续不断的实验活动对其进行推动，这就造成了实验对象会受到外来刺激而产生不断变动。而这种变动的过程恰恰是实验法最为关注的。

第三，综合性。实验法是所有调查方法中最复杂的一种，实验调查的过程既是不断收集资料的过程，又是不断研究资料的过程。而其实施过程是各种调查方法和研究方法综合运用的过程，不仅要采用实地观察、个人访谈和集体访谈等直接调查方法，有时还要采用文献调查、问卷调查等间接调查方法。

第四，可控性。实验法实施的过程是有所控制的，无论是实验激发还是前后检测，都是严格按照事先的实验设计而进行的。

这是其他社会调查方法所无法比拟的。

第五,因果性。发现实验对象和实验激发之间的因果关系,由此认识实验对象的本质及其发展变化的规律,这是实验法的主要任务。在社会调查中,采用实验法来探讨社会现象之间的因果关系,不仅可以根据可控的原因去预测结果或实现预期,即证实事先提出的因果假设,而且可以通过实践随时修正或推翻原来的假设,重新构建调查对象的因果关系。

二、实验法的类型

按照不同的标准,实验法可分为不同的类型。

(一)按照实验的组织方式不同进行分类

按照实验的组织方式不同,实验法可分为对照组实验和单一组实验。

对照组实验是指既有实验组又有对照组(控制组)的一种实验方法,也叫平行组实验。实验组即实验单位,对照组是同实验组进行对比的单位。两组在范围、特征等方面基本相同。

单一组实验是对单一实验对象在前后不同的时间进行前测与后测,比较其结果以检验假设的一种实验方法,也叫连续实验。在这种实验中,同一组在引入自变量之前相当于实验中的对照组,在引入自变量之后则相当于实验中的实验组,检验假设所依据的是同一个实验对象在自变量作用前和作用后的两种测量结果。

(二)按照实验的环境不同进行分类

按照实验的环境不同,实验法可分为实验室实验和现场实验。

实验室实验是在人工特别设置的环境下进行的实验调查。在实验中,实验者对实验环境可进行严格有效的控制,实验对象只接受引入的自变量实验激发。这种实验所得的结果准确率较高,但成本高,操作复杂,而且样本规模十分有限,所以难以得到广泛应用。

现场实验是在自然的、现实的环境下进行的实验调查。在实验中,实验者只能部分地控制实验环境的变化,实验对象不仅受到引入自变量的实验激发,还会受到其他外来因素的影响。这种实验所使用的环境都是自然的现实的环境,随时随地可以进行,成本相对较低,操作也简单得多,样本规模可以很大,虽然其实验结果的准确性不及实验室实验,但只要对非实验激发因素有较充分的认识和一定控制,也能保证实验结果有较高的准确率,因此应用得非常广泛。

(三)按照实验的目的不同进行分类

按照实验的目的不同,实验法可分为研究性实验和应用性实验。

研究性实验是以揭示实验对象的本质及其发展变化规律为主要目的的实验方法,主要用于对某一领域理论的检验与探讨。

应用性实验则是以解决实际工作中存在的某些问题为主要目的的实验方法。

事实上,这两种实验并不存在截然分明的界限,因为它们的区分只是就实验调查的主要目的而言的,具有相对的意义,实际来说,许多研究性实验调查的结论,往往对解决实际工作中的问题具有重要指导意义;许多应用性实验调查的结论,也可以作为重要的理论概括。

(四)按照实验者和实验对象对于实验激发是否知情进行分类

为了避免实验对象出于对实验激发的欢迎或反感而有意迎合或故意不配合实验者以及实验者和实验对象出于对实验结果的某种心理预期而影响实验检测结果的真实性和准确性这两种情况的发生,按照实验者和实验对象对于实验激发是否知情,实验法可分为单盲实验和双盲实验。

单盲实验是不让实验对象知道自己正在接受实验,由实验者实施实验激发和实验检测。目前多数实验都是这类实验。

双盲实验是不让实验对象和实验者双方知道正在进行实验,而由第三者实施实验激发和实验检测。

此外,按照调查的内容不同,实验法还可分为心理实验调查、教育实验调查、法律实验调查、经济实验调查、军事实验调查等,限于篇幅,此处就不再一一详述。

三、实验法的步骤

实验法的实施步骤分为准备工作、具体实施和资料处理三个阶段。

(一)准备工作阶段

准备阶段的工作主要有五方面:一是确定实验课题及实验目的,通常是在有了初步的构想后,通过查阅文献和进行有关访谈,对初步构想的价值和可行性进行探索性研究,最终明确实验的主题、大致的内容范围和所要达到的目标;二是提出理论假设,通常是仔细寻找出实验的主题和内容范围所涉及的各种变量并将其分类,认真分析它们之间的关系,建立各种变量之间的因果模型;三是选取实验对象,以实验的主题和变量之间因果模型的需要为选择依据,通过随机抽样和主观抽样两种方法来进行选择;四是选择实验的方式和方法,以实验的要求和可能为依据,决定实验的类型、分组、设计、控制和检测;五是制定实验方案,即将已确定的实验主题、理论假设、内容范围、实验对象及实验方式方法等整理成文字,说明实验的时间、地点和场所,实验进程,实验和测量工具等,并形成系统的、条理分明的实验方案。

在这一阶段中,最重要的是实验设计。实验设计是实施实验的依据,决定了一项实验的具体内容。实验设计的依据是实验的组织方式,即是否有实验组和对照组以及有多少组实验组。常用的实验设计主要有单一实验组设计、两组无前测实验设计、经典实验设计、多组实验设计和多因素实验设计。

单一实验组设计是只选择一批实验对象作为实验组,通过实验活动前后实验对象的变化来得出实验结论,也叫单组前后测实验设计。这种设计没有对照组,是最基本的实验设计,也是最简单的实验设计,其操作模式是选择实验对象组成实验组→对实验对象进行前测→引入自变量进行改变实验对象因变量的实验激发→实验后对实验对象进行后测→得出实验结论(公式为:实验效应=后测-前测。如果前测与后测之间的差异值为正数,则说明自变量与因变量是正相关关系;如果差异值为零,则说明二者之间关系不大或需要进一步检验;如果差异值为负数,则说明二者之间是负相关关系)。这种设计应用广泛,是其他任何实验设计的基础,但它得出的结论可靠性不高,所以更适用于定性研究,用于定量研究则要特别谨慎。

两组无前测实验设计就是选择一批实验对象作为实验组,同时选择一批与实验对象处于相同环境、条件相同或相似的对象作为对照组;对实验组引入自变量实施实验激发和进行后测,对照组则只进行后测。通过对实验组和对照组后测结果的对比研究,得出实验结论。它的操作模式如下。

实验组　　　　　　　　对照组

(1)选择对象　　　　　(1)选择对象

(2)选择实验环境　　　(2)选择实验环境

(3)无前测　　　　　　(3)无前测

(4)实验激发　　　　　(4)不予实验激发

(5)后测　　　　　　　(5)后测

(6)做出实验结论,其公式是:

实验效应＝实验组(后测)－对照组(后测)

经典实验设计也叫两组前后测实验设计,就是只对实验组给予实验激发,而对对照组则听其自然;通过对实验组和对照组前后检测的变化进行对比研究,得出实验结论:如果实验组前后测差异值与对照组前后测差异值相减后得数为正,则说明自变量与因变量是正相关关系;如果得数为零,则说明二者之间关系不大或需要进一步检验;如果得数为负得数,则说明二者之间是负相关关系。它的操作模式如下。

实验组　　　　　　　　对照组

(1)选择对象　　　　　(1)选择对象

(2)选择实验环境　　　(2)选择实验环境

(3)前测　　　　　　　(3)前测

(4)实验激发　　　　　(4)不予实验激发

(5)后测　　　　　　　(5)后测

(6)做出实验结论,其公式是:

实验效应＝实验组(后测－前测)－对照组(后测－前测)

多组实验设计通常是设置两个实验组、两个对照组,其中各有一组无前测,又各有一组无实验激发,通过对各组检测结果的交叉比较,得出实验结论。这种设计基本上排除了各种非实验因素对实验结果的影响,能够保证实验结论的客观性和准确性,但其成本极高,操作极为复杂,因而实际上应用很少。

多因素实验设计一般设置一个对照组、三个或三个以上实验组,检验多个自变量(或一个自变量的多种取值)与因变量之间的因果关系。这种设计能够从系统上和整体上把握社会事物的特征。依照具体实施方法的不同,多因素实验设计又可分为因子设计、拉丁方格设计和重复测量设计三大类。

因子设计是检验两个以上的自变量对因变量的影响和自变量之间交互作用对因变量的影响的设计,自变量或自变量取值的数量决定了实验组的数量,一个自变量对应一个实验组。通常采取无前测的检测方式,通过比较研究各实验组和对照组的后测结果,得出关于自变量及其交互作用与实验对象的因变量之间因果关系的实验结论。

拉丁方格设计是检验多个自变量的引入顺序对因变量的影响的设计,实验组的数量与引入自变量的数量一致,但引入次序无一雷同,从而形成多种各不相同的自变量组合方式。这种设计可以检验自变量的引入顺序对因变量是否会造成影响、造成哪些影响和造成的影响有哪些不同。

重复测量设计是检验多个自变量对不同实验对象进行激发后的差异的设计,实验对象可随机选取,不另设对照组,往往只有后测。这种设计是将多个自变量或自变量取值全部轮换引入多个实验组,通过各种不同的实验激发每个组的因变量,然后比较各组实验结果的差异,得出对自变量和对不同实验对象的推断结论。

总之,多因素实验设计具有系统性、完整性、客观性、准确性高的特点,在社会实践中有重要的作用。不过,其实验对象和实验环境的匹配困难,实验过程、实验检测、统计分析繁琐,实验的资金成本和时间成本高,因而使用范围较少。一般情况下,仍以采用简单实验设计为宜。

(二)具体实施阶段

具体实施阶段的工作主要有以下几项。

第一,前测。即用一定的方法对实验对象的各种因变量作详细的测量,并作详细记录。如果是有对照组的实验,事先要控制好实验环境和条件,确保实验组与对照组的状态基本一致。

第二,引入或改变自变量,对实验组进行实验激发。在激发的过程中,要仔细观察,做好观察记录。

第三,后测。在经过一段时间后,选择适当时机对实验对象的各种因变量作再次详细测量,并做详细记录。

(三)资料处理阶段

资料处理阶段的工作主要有以下几项。

第一,整理分析资料。统计分析全部观测资料,并检验原假设,形成实验结果,据此提出理论解释和推断。

第二,撰写实验报告。

四、实验法运用中需要注意的问题

作为最高级、最复杂的社会调查方法,实验法在实施过程中需要特别注意以下几方面的问题。

(一)选择实验者

实验者是实验调查的组织者、领导者、管理者。由于实验调查大多是现场实验,主要工作之一是引入自变量对实验对象进行实验激发,即改变实验对象的自身条件及其所处的社会环境,这就要求实验者应具备各类调查研究所共同要求的基本素质,并要有一定的权威色彩。

(二)选择实验对象和实验环境

实验法要求严格按照一定标准选择实验对象和实验环境,这是因为,首先,实验对象和实验环境应是典型环境中的典型单位,具有充分的代表性,对于复杂的事物来说,还应该具有不同类型、不同层次的代表性,否则即使实验取得了良好的效果,其经验也不能普遍应用和推广。其次,在多数实验设计中,所有实验对象和实验环境的各方面状况应尽可能相同或相似。只有这样,才能对实验结果进行比较研究和量化分析,才能保证实验结论的客观、准确。

选择实验对象和实验环境可以采用按照随机原则从调查对象的总体中抽取和主观挑选两种方法。前者适用于调查对象总体中个体单位较多、个体之间同质性较强、实验者对调查对象总体情况了解较少的情况,后者适用于调查对象总体中个体单位较少、个体之间异质性较强、实验者对调查对象总体情况了解较多的情况。

(三)控制实验过程

对实验过程的有效控制直接关系到实验调查的成功与否。控制实验过程其实就是控制各类变量,包括以下两个方面。

首先,对引入自变量的控制。这主要是在实验激发的过程中,严格执行设计方案,有计划地、系统地安排实验激发的环境和程度,使它们有序地作用于因变量。

其次,对无关变量的控制。无关变量也就是非实验因素,主要来自实验者、实验对象和实验环境三个方面。控制无关变量就是要从这三个方面着手,努力排除或减少非实验因素对实验过程的干扰。

第一,在实验者方面,不能把无关变量引入到实验激发中来,必须公平地对待实验对象,对不同的实验对象要采取一致的实验激发的方式、强度、范围等和检测的方法、工具、标准等,以及统计分析的方法、依据、标准等,要保持实验方法的稳定性和一致性。

第二,在实验对象方面,要加强与实验对象的沟通,努力使他们做到对实验活动理解、支持,并可以通过在一些自然环境中采用一些不太敏感的方式进行测试而让实验对象在测量时觉察不到实验的真实意图,从而解决前测干扰影响和故意不配合的问题。

第三,在实验环境方面,由于其对实验过程的干扰最多也最复杂,控制难度较大,通常会采用排除法、纳入法、平衡法和统计分析法等来控制。排除法即将一切可以排除的非实验因素彻底排除在实验过程之外。纳入法即把无法排除的某些非实验因素尽可能纳入实验过程,作为实验激发的一个变量。平衡法即将无法排除的某些非实验因素,在每一个实验对象中都控制在一致的、平均的水平上。统计分析法即对实验过程中无法排除的非实验因素尽可能定量化,在实验结果中用统计分析的方法计算出它们影响实验的具体程度。

总之,这些控制手段虽然不能彻底排除所有非实验因素对实验过程的干扰,但可以大大提高实验结论的客观性、准确性,因此是值得提倡的。

(四)提高实验的信度

实验的信度指的是实验方法与实验结论的可靠性。由于在实验过程中,实验会受到许多因素的影响而产生误差,从而影响实验的信度,因此,实验者要采用各种方法努力克服实验因素的干扰,提高实验的信度,发挥实验法的真正优势。同时,还要注意测量工具的标准化和精确度问题,这样才能保证实验结果的准确无误。

检验信度一般采取重复实验的方法,如果发现几次实验的结果之间有较大的差异,就表示测量工具很可能存在问题。此外,还可以采用多组实验设计的方法,通过各个组在同一实验中的差异来检验信度。

（五）提高实验的效度

实验的效度指的是实验方法与实验结论对实验本身的有效性以及实验结论的普遍适用性。提高实验的效度,要从实验的外在效度和内在效度两方面着手。在外在效度方面,要保证所选取实验对象的代表性。在内在效度方面,可以采用前面提到的控制引入自变量和无关变量的方法,同时实验者的工作态度一定要认真细致,还要选择恰当的测量方法和测量工具,选用精确度高的测量仪器等,这样才能保证实验效果不会出现意外。

要注意的是,实验的外在效度和内在效度是一对矛盾,这是提高实验效度无法彻底解决的问题。大部分实验设计都面临着这种两难处境:提高内在效度则有可能降低外在效度,反之亦然。可见,将实验的外在效度和内在效度同时提高到顶点基本上是不可能的,只能寻求二者之间的平衡点,从而使实验的效度达到可能的最佳点。

五、实验法的评价

实验法也有其自身的优缺点,主要表现在以下几方面。

（一）实验法的优点

同其他社会调查研究方法相比,实验法具有一些独特的优点,主要表现在以下几方面。

第一,控制性较强。实验法对实施过程的控制能力是各种社会调查研究方法中最强的一种。它通过对自变量、实验环境、实验条件和实验对象的控制,可以减少和排除外部因素对实验结果的影响,减小误差,从而大大提高实验结果的可信程度。实验法适于进行较为准确的定量分析,对于认识社会的本来面貌具有重要的意义。

第二,适于对理论、方针、政策的检验。实践是检验理论的唯一标准,而实验正是一种带有明确目的的实践。所以说,实验法是社会调查研究中检验理论、方针、政策的最好方法,尤其适于探讨事物之间的因果关系,不仅能对理论、方针、政策的成立与否和效果如何做出较为准确的判断,还能探索解决社会问题的途径和方法,揭示出社会事物、社会现象的本质和规律。

第三,能够重复使用。实验法基本上都是有结构的,严格一致的实验方式、方法及测量技术、标准、工具等使得其能够重复使用,而且重复使用得出的结论也更为可靠。

(二)实验法的缺点

实验法的特定方式和特点也为它带来了十分明显的缺陷,主要表现在以下几方面。

第一,耗时耗力。许多实验涉及的人员数量很大,实验过程很长,具体操作繁琐、复杂,耗费人力、时间,常令人望而却步。

第二,代表性不强。受实验方法的特殊要求所限,大多数实验的范围和样本规模都非常有限,并不足以反映较大总体的状况。

第三,实验范围有限。虽然在所有的社会调查研究方法中,实验法是较好的一种,但它并不适用于任何问题,对于许多个人特质极强的社会现象和阴暗的、有悖伦理道德的、违法的社会现象和社会事物而言,实验法都是不可行的,如自杀、抢劫、赌博、吸毒、受贿、嫖娼等。这些现象只能依靠其他的一些方法去调查。

第三节　观察法

面对日益复杂和多样的社会调查研究,研究者也常使用观察法来获取第一手的、直接真实的研究资料，为社会调查研究提供研究支撑。

一、观察法的内涵

(一)观察法的概念

在社会调查中所使用的观察法是一种实地观察法(下文简称观察法)，是研究者在实地调研过程中有意识、有目的、有步骤地运用自己的感觉器官或借助科学的观察仪器，直接从社会生活的现场能动地了解处于自然状态下的社会现象，并进行资料搜集的一种方法。[①] 观察法是提供最直接的、真实的感性资料的重要方法之一，通常用于在实地调查中收集初级信息或原始资料，而且通常结合其他调查方法共同使用，其作用在于收集到真实可靠的资料，并通过对资料的科学分析得出正确的结论。

观察法中的"观察"和我们日常生活中的观察有着显著的区别。日常生活中的观察是人类和其他所有动物的一种本能行为，原意是指运用眼、耳、鼻、舌、身等器官和直觉感知外部环境，如"仰观天文，俯察地理""眼观六路，耳听八方""窥测方向，以求一逞""视而不见，充耳不闻""察言观色""管中窥豹"等成语说的都是这种观察。但日常生活中的观察既没有十分特定的观察目的，也无需十分精确的观察结果，常常是一种随意的、无意识的、非系统的、不规则的观察活动。而观察法则有着明确的研究目的，预先有一定理论准备和比较系统的观察计划，用经过一定专业训练的观察者自己的感官及辅助工具(观察仪器与观察技术)去直接

---

① 谭祖雪，周炎炎：《社会调查研究方法》，北京：清华大学出版社，2013年，第164页。

地、有针对性地了解正在发生和发展变化的现象。[①]

观察法与问卷法和访谈法也不同,它主要依靠"看",是研究者在尽量不干扰观察对象的思想和行为的前提下进行的,是一个客观的观察和记录的过程。由于社会现象、社会事实以及人们的社会行为的部分内在规律会通过一定的外在事实表现出来,这才使得观察法的应用成为了可能。

(二)观察法的特点

观察法有以下几个显著的特点。

第一,自然性。应用于社会调查中的观察法是一种在自然状态下的现场调查,它不是在实验室内进行的,而是在实地、自然的状况下进行的;它观察的是保持自然状态的客观事物。在观察过程中,观察者对被观察对象的活动不加干预,对于影响被观察对象的各种社会因素也不加干预,让观察对象始终处于现实的自然发生和自我发展变化的状态,这样才能保证观察的客观性和真实性,才能获得真实的资料,否则观察结果必然出现严重偏差,观察就失去了意义。这是观察法的核心特点。

第二,自觉性和目的性。应用于社会调查中的观察法是一种自觉的、有目的的观察活动,观察者不是毫无范围界限地观察,而是紧紧围绕调查研究主题,对观察的目的、内容、对象、方法等进行系统的思考,并制定较为详细的观察计划,按计划有组织、有步骤地对与观察对象有关的一切内容进行系统、周密的观察,而非盲目地、凌乱地、随意地进行观察。观察过程既是人的感觉器官直接感知的过程,也是人的大脑积极思维的过程。观察的内容及其结论究竟如何,取决于观察对象的客观状况、观察者感觉器官的感知能力和认识能力。这种自觉性和目的性使得观察法既区别于文献调查,又区别于实验室的观察。

---

① 周孝正,王朝中:《社会调查研究》,北京:中央广播电视大学出版社,2005 年,第 185 页。

第三,工具性。观察法以人的感觉器官为主要调查工具,这是它与其他调查方法之间最根本的区别。在应用观察法时,常使用两类观察工具来收集信息:一是人们的感觉器官,其中最主要的是视觉器官——眼睛,此外还有耳、鼻、舌、皮肤等感觉器官;二是人们感觉器官的延伸物——科学观察工具和记录工具,如照相机、摄像机、望远镜、录音笔以及观察表格、卡片等,使用这些工具进行观察往往能对观察结果产生重大影响。这一特点使它区别于访问法、问卷法等收集资料的方法。

第四,理论指导性。观察法是在一定理论指导下进行的,是理性因素渗透其中的感性反映形式,如恩格斯对英国工人阶级状况的观察就是在以辩证唯物主义和历史唯物主义为指导的情况下进行的。

第五,外显性。观察法观察到的结果主要是被调查对象的外显行为,无法收集到被调查对象的态度、观念等主观意识方面的资料。这也使其区别于访问法和问卷法。

第六,能动性。观察法的观察过程不仅是观察者对观察对象直接感知的过程,也是观察者大脑不断进行积极思维的过程,观察者的感知能力、知识水平、思维能力、思维模式、个人情感等主观因素会对观察过程和观察结果产生直接的影响,因此,观察法体现出一定的主观能动性。

(三)观察法的原则

在社会调查中使用观察法,应遵循以下几个基本原则。

第一,客观性原则。这是实施观察法需遵循的最基本、最首要的原则。在社会生活中,观察者与被观察者总有这样或那样的联系,观察者对社会现实的感知也总会受到这种种联系的影响。但观察者在观察过程中,必须客观地了解被观察对象处于何种状态、有什么表现等,不折不扣地如实记录与调查目的和计划有关的一切客观情况,如实地反映客观事物本身,决不能带入一些个人的情感、知识、经验等主观因素,按照个人的偏好或主观印象故意摒弃、随意增减甚至歪曲社会现实,或者只记录有利于自己的事实,而不记录不利于自己的事实,甚至臆造事实;在做出观察结论时,一定要以充分的、真实可靠的观察资料为依据,而且一定要全面、系统地说明有关情况,绝不能无中生有,也不能只顾一点,不及其余。不过要注意的是,观察法的客观性并不是要求一概排除观察者个人的情感、知识与经验等因素,而是要求观察者坚持科学标准,实事求是,不因个人偏见或个人狭隘的经验而歪曲、掩饰或编造社会事实。

第二,全面性原则。这是客观性原则的内在要求。任何客观事物都有多方面的属性、多方面的联系、多方面的表现形式,因此我们在实施观察法时不能是"盲人摸象"或"一叶障目,不见泰山",而是要多方面、多角度、多层次地对有关调查主题的一切客观情况进行全面、立体的观察,从而正确认识事物,否则观察结果必然会出现严重失误,就无法了解到事物的全貌。

第三,深入性原则。社会生活本身纷繁复杂、千变万化,许多社会现象不是一下子能观察清楚的;特别是有些人往往会自觉不自觉地用一些片面的、偶然的、甚至虚假的现象来应付、蒙骗观察者。这就要求观察者要具有极大的恒心和毅力,深入到观察对象之中,密切注意发生的各种情况及其细节,一丝不苟地做好观察记录,做到"去伪存真""由表及里"和"由此及彼",切忌走马观花、浮光掠影,只有这样才能观察到事物的多种表现,全面了解客观事物,并得出真实可靠和深刻的科学结论。要注意的是,这并不意味着在观察中对那些虚假内容或偶然现象、表面现象可以忽略不记或敷衍了事,而是要求观察者能够从所记录的观察内容中认清虚假,进一步追求真相;透过表象,进一步看到实质;通过偶然,进一步寻求必然。

第四,持久性原则。许多社会现象和人们的社会行为并非一下子就能展现出来,往往需要一段时间。实地观察是一种十分单调、枯燥的工作,尤其对于较复杂社会现象和事物的深入观察工作往往需要坚持相当长的一段时间,要得到正确的调查结论,就更需要坚持长达数日、数月、数年、甚至更长时间的观察。

第五,法律和道德原则。在很多观察中,为了保证观察结果的客观真实,调查者并不向观察对象明确自己的身份,而是在私下旁观观察对象的真实状况和所作所为,这在某种意义上说类似于对观察对象的隐私进行"窥探"。如果处理不当,就很容易引起法律纠纷或者违背社会伦理道德。因此,在观察过程中,必须遵守法律的有关规定和当地的道德规范,不能做出强求观察别人的私生活、偷看他人信件、偷看别人不愿意让人观察的事物或现象等违反法律或道德的观察行为。对于那些不直接牵扯法律法规或不甚敏感的问题,观察者不一定要事先告知被观察者,但有些涉及受法律保护的个人权益或个人隐私的观察,如查证个人的财产、进入民宅、阅读个人书信和日记、了解男女情爱等,则必须事先征得观察对象的同意。在少数民族地区和宗教场所观察时,还要遵守一些特殊的法律、政策、风俗习惯和教规等。对于那些需要人为设置场景来观察参与者在这些场景中的反应的实验观察,必须要取得那些被观察者的自愿,同时在观察中要尽一切可能避免对被观察者造成任何肉体和精神的伤害,这也是一个重要的道德伦理原则。

二、观察法的类型

从不同的角度,可以将观察法划分为不同的类型。

(一)根据观察内容的不同进行分类

根据观察内容是否有预定的、标准化的观察项目和要求,可以将观察法分为结构式观察和非结构式观察两类。

1. 结构式观察

结构式观察是指根据统一设计的观察记录表或记录卡所进行的观察活动,也称标准观察或系统观察。它有明确的目的和计划、严格而详细的观察项目,要求事先对要观察的内容进行分类并加以标准化,明确研究假设,规定要观察的内容和记录方法,并统一制定观察表格或卡片,卡片上明确列出各种观察范畴和分类,观察者只需在相应的格内标记,而不能任意变更观察项目和要求,这与结构访谈的要求有些类似。结构式观察的表格有些类似于问卷,对观测数据的整理、分析也近似于对问卷资料的处理分析,即可进行定量分析和相关分析。但这种方法也存在缺点,缺乏弹性,适应性相对较差,难以反映不同观察对象的特殊情况,而且花费时间比较多。

2. 非结构式观察

非结构式观察是观察者只有一个总的观察目的和要求、一个大致的观察内容和范围,而没有一个统一的观察项目或标准,完全依据现象的发生、发展和变化过程所进行的自然观察,也称无控制观察或简单观察。它适用于探索性研究和有深度的专题研究,一般只要求观察者有一个总的观察目的和要求,或一个大致的观察内容和范围,注重到观察现场去根据当时环境和条件变化随时进行观察内容和观察角度的调整,比较灵活,适应性较强,而且简便易行,因此最为常用。不过,由于观察的标准化程度低,通过非结构式观察所得的材料比较零碎、分散,缺乏系统性,很难进行定量的统计分析和对比研究。

(二)根据观察场所的不同进行分类

根据观察场所的不同,观察法可分为实验室观察和实地观察。

1. 实验室观察

在有各种观察设施的实验室或者经过一定布置的活动室、会议室等场所内，对研究对象进行观察的方法，就是实验室观察。实验室观察的核心问题是不能让观察对象知道被人"监视"，所以常常借助一种单向透镜来进行观察，在实验室的各个不同位置均装有隐蔽的摄像镜头，可以摄下室内的一切活动，这种方法常用于了解人们某些具体的、细微的行为特征，但资金投入较大，而且难以避免其他干扰，因此多半局限在对天真无邪的少年儿童的观察方面，且使用较少。

2. 实地观察

在现实社会生活场景中所进行的观察就是实地观察。实地观察多数是非结构式观察，它直接深入到现实生活场景中对观察对象进行观察，因而适用于定性类型的调查研究，在社会调查研究中有着十分重要的意义。

（三）根据观察者的角色不同进行分类

根据观察者的角色不同，观察法可分为非参与观察和参与观察。

1. 非参与观察

非参与观察就是观察者不加入被观察者的群体，不参与他们的活动，完全以局外人或旁观者的身份进行观察，也称局外观察。观察者无须参与被观察者的活动，只须在距离被观察者很近的地方观察，对被观察者及其活动不表露任何兴趣，只听、只看，并适当作些记录。"冷眼旁观"就是对非参与观察的形象说明。最理想的非参与观察是观察者隐蔽起来进行观察，使被观察者完全意识不到有人在场正在对他们进行观察。

一般来说,非参与观察通常在观察者无法进入被观察者内部或无须介入被观察对象的活动时采用,在社会调查中都会在不同程度上采用这种方法。这种方法的优点是能获得表现十分真实的资料,实施起来十分简便,可行性强,而且研究者在观察过程中一般都能保持观察的中立性和客观性,可获得许多感性认识,应用范围十分广泛。但这种方法也有其局限性,即对现象的观察易带有表面性和偶然性,不易深入。特别是当这种观察活动类似于"走马观花"时,这一局限性就更为突出。

2. 参与观察

参与观察是指观察者加入到被观察群体中,在与被观察对象的共同活动中进行观察的一种方法,也称局内观察。它是在自然场所里进行的直接观察,而且多采取非结构的形式,研究者通常不是从对研究主题的先验印象和一整套测量工具开始的,而是经常在收集资料的过程中形成他们的概括和方法论。研究者是带着问题参与到观察对象的生活中去的,以寻求资料性和理论性的解答,预先并没有什么具体的理论假设,因此需要根据调查研究主题,进行长期观察,从大量现象中逐步概括出调查对象的主要特征。这种方法常用于对社区或群体的典型调查和个案研究,是社会学与人类学研究中常用的一种方法。

根据参与程度不同,参与观察又可分为完全参与观察和不完全参与观察。

完全参与观察需要观察者融入到被观察者群体中,作为其中一个成员进行活动,并在这个群体的正常活动中进行观察。在整个观察的过程中,被观察群体的成员都相信他是这个群体中的一个普通成员,并不知道他是一个观察者。这种观察可以获得许多深入的、真实的资料,但是总让人感到有"欺骗他人"之嫌,所以有人批评它违背社会伦理道德。

不完全参与观察需要观察者以一个可靠的"外人"或"半客半主"的身份,参与到被观察者群体之中进行观察。不完全参与观察的优点是观察者不仅能够通过与被观察者共同活动得到大量生动具体的感性资料,而且能够公开地同被观察者深入探讨问题,收集到许多完全参与观察难以得到的理性资料。但是,这种方法使得被观察者时时感到他们正在被观察,为了更好地表现自己,他们可能改变自己的行为方式,这就使得观察资料的真实性和准确性受到了影响,而且随着人与人之间相处时间的加长,人与人之间的感情也会越来越复杂,观察者的观察结论也容易带有主观感情成分。

总的来说,参与观察可以缩短或消除观察者和被观察者之间的心理距离,便于深入了解被观察对象内部的真实情况。但是它的最大缺陷,就是无法完全排除观察者及其观察活动对被观察者的影响,甚至可以说,参与观察基本无法完全准确地观察到被观察者及其群体的自然状况,而且由于观察者易带主观感情的成分,易导致观察结论产生误差。

要想使参与观察真正取得成效,观察者必须做到三点:一是要有不怕艰难困苦的自我牺牲精神,真正深入到被观察者的生活环境中去。二是要熟悉并适应被观察者的生活方式、语言和风俗习惯,真正参与被观察群体的共同活动,取得被观察者的信任。三是要始终保持观察者的客观立场,不为被观察者的利益与情感所左右,要在不引起被观察者注意的情况下作好详细的、准确的记录。

(四)根据是否借助于观察工具进行分类

根据是否借助于观察工具,观察法可分为直接观察和间接观察。

1. 直接观察

直接观察是凭借观察者自身的眼睛、耳朵等感觉器官直接感知外界事物的方法。直接观察具有强烈的真实感,比较简便易行,但观察结果往往因人而异,带有一定的主观性。

2.间接观察

间接观察是观察者借助照相机、摄影机等工具进行观察活动的方法,也称为实物观察。间接观察能观察过去的社会现象,从而突破直接观察的局限,有助于更深入、更全面地了解人们的行为,对已消逝的历史事物来说,是唯一可行的观察方法;对一时无法直接观察到的现实事物来说,也很有效,往往可以弥补直接观察的不足。但其方法比较复杂,需要观察者有较强的分析能力,所得资料也常缺乏真实感,有时还需要有科学的鉴定手段和方法,而且在推论时也可能发生种种误差。

在实际的观察过程中,上述各种观察类型是互相联系、兼容和交叉的,如实地观察同时也是非结构式观察、参与观察和直接观察等。

三、观察法的实施

各种类型观察法的实施都包括三个阶段,即观察准备阶段、观察的正式实施阶段和观察记录阶段,因而要保证观察法的顺利实施并取得良好的观察效果,需做好以下几方面的工作。

(一)观察准备

这个环节的主要任务是制定观察计划和进行必要的物质准备。

1.制定观察计划

观察计划是实施观察法的行动指南,对于观察活动能否顺利完成具有重要作用。一份完整的观察计划应包括以下八个方面。

（1）时间，即在什么时间段进行观察，计划观察多少次，一次持续多长时间；选择该时间段、观察次数和每次持续时间的理由等。

（2）地点，即观察对象所处的地理位置和地域范围；当地的自然环境、宗教信仰、风俗习惯、政治制度、社区历史、社区经济发展等情况有什么特点，为什么选择这里进行观察等。

（3）确定观察对象和范围，即计划观察什么人、什么现象；观察这些人和现象的目的何在，通过这些观察要解决哪些问题；观察范围有多大，有多少人在场，他们属于一个什么样的群体，在群体中各自扮演什么角色和处于什么地位等。

（4）确定观察方式和方法，即观察是隐蔽进行还是公开进行；采取实验室观察还是实地观察；实地观察的方式是有结构还是无结构，是不参与、半参与还是完全参与；观察时是否需要结合其他调查方法等。

（5）活动的特点及发展过程，即观察哪些事情，它们是如何进行的，与其他事件有什么不同，事件的各个方面相互间有什么样的关系，有什么明显的规则或规律；观察在场的人哪方面的行为表现，他们言谈举止有哪些特点，哪些行为是日常生活中的常规，哪些是特殊表现，他们之间如何互动，不同的参与者在行为上有什么差异，他们行动的类型、性质，在活动过程中他们的行为有无变化等。

（6）态度，即被观察者对于发生的事和人们的行为方式持怎样的态度和认识等。

（7）原因，即为什么这些事会发生；参与者的动机和目的是什么，他们的行为产生及变化的原因是什么等。

（8）可能出现的问题及其对策，即在观察中出现意外事情应如何处理；观察中可能出现哪些影响资料可靠性的问题，应采取什么措施来解决；观察过程可能对观察对象的正常生活产生什么作用，对观察结果有什么影响等。

要注意的是，观察的范围是受到限制的，因而最好选择典型环境中的典型对象作为观察的重点,选择适当的观察时机和适当的观察场合。

2. 做好物质准备

观察的物质准备应根据观察的方式方法而定,如非参与实地观察需要准备专用仪器等。但无论哪种类型的观察,最好都配备照相机、录音机等工具,而且要制作观察卡片等必备物品。

(二)观察的正式实施

正式实施观察主要包括两个方面:一是进入观察现场;二是完成观察任务。

1. 进入观察现场

正式实施观察首先要保证能够顺利进入观察现场。

观察现场的确定应主要考虑三个条件:一是符合调查研究收集资料的要求;二是具备必要的人、财、物等条件;三是当地部门和观察对象不反对。

在进入观察现场时,要注意选择恰当的方式。进入观察现场的方式有隐蔽和公开两大类。

隐蔽进入的方式就是观察者始终不暴露自己的身份,而是将自己装扮成普通游客或当地居民进入观察现场。这种方式行动比较自由,也避免了协商进入现场可能遇到的困难,但要时刻注意不能暴露自己的身份,不能广泛接触各类人员,因而难以深入了解情况。

公开进入的方式就是经过协商,观察中自然地、直接地、公开地进入现场,让观察对象知道自己的真实身份。这种方式能够广泛接触各类人员,可以深入了解情况,但在协商时难免会遇到困难,并且会因观察对象知道自己正在被观察而刻意改变自己的行为导致观察结果失真。

因此,有时候观察者需要采取逐步进入的方式,即在刚开始时不向有关人士介绍观察的全部内容或者观察的最终目的,以免对方因困惑不解或配合难度过大而拒绝观察者进入,在以后观察有了一定进展、对方习以为常时,再提出扩大观察范围或延长时间等要求。

2.完成观察任务

顺利进入观察现场之后,观察者就可以根据特定角色和观察方式的要求进行观察。观察过程中,要与观察对象建立良好关系,然后从大处着眼,注意转换观察视角,以完成观察任务。

在完成观察任务时,观察者要注意解决好以下几个问题。

(1)执行或调整观察计划。观察者根据已有的观察计划,按要求实施观察活动,并根据观察到的实际情况及时对计划作出必要的调整,尤其是注意确定和调整观察的内容,使观察计划能更好地为观察活动的顺利实施服务。

(2)消除观察对象的种种顾虑。观察活动往往会对被观察者产生一定影响,使被观察者产生一种戒备心理,行为表现可能异于平常。为了获得更为精准的观察结果,观察者要熟悉观察活动中可能导致观察误差的各种主客观因素,控制自己的观察活动,通过谦虚、友善的态度使观察对象尽快消除对观察者的畏惧感和陌生感,确保观察对象的行为表现一切如常。

(3)深入到观察对象的生活之中。观察者要想获得全面的观察结果,就要同观察对象建立亲密无间的关系,尽可能地同他们共同生活和工作,甚至是一些个人隐私之类的活动等,看到他们的所作所为,了解他们的所思所想。

(4)灵活地安排观察的程序。一般情况下,观察程序有三种安排方法:主次程序法、方位程序法和分析综合法。在观察中,应根据研究需要、观察者的条件、观察对象的实际情况,并结合这三种观察程序的特点和利弊,灵活地进行运用。

(5)遵从观察对象的生活习惯和生活方式,与被观察者建立适当的关系。观察者要想尽快与观察对象融为一体,就要遵从观察对象的风俗习惯、语言、道德规范和生活方式,融入被观察者的生活背景,在一些少数民族地区进行观察时尤其要注意这一问题。

(6)热情帮助观察对象。观察者要在观察对象遇到困难时在力所能及的范围内对他们施以援手,这样更容易获得观察对象的信任和友谊。

(7)保持中立。在任何情况下都需要注意保持中立性,尤其是当被观察者之间产生纠纷的时候,更不能站在其中一方的立场上,而应该做好他们的团结工作。

(8)重视个别交往。观察者要与个别观察对象交朋友,建立较密切的日常往来关系和较好的私人友谊,以便同观察对象作深入的思想沟通,从而了解到在公开场合不易看到的、真实的情况。

(9)把观察和思考结合起来。在实施观察中,观察者要善于把观察与思考结合起来,在观察中思考,在思考中观察,只有这样,才能捕捉到更多有价值的观察材料。

(三)观察记录

观察记录是对所观察到的现象的文字描述。在观察过程中认真做好记录,是必不可缺的一项工作,它可以使观察者对所观察现象的了解和认识更加明确和深入。观察记录包括两方面的工作:一是正确和详细地进行记录;二是科学地整理记录。

1.记录方式

观察记录的方式主要有两种:一是同步记录,即随时随地记下所观察到的现象和行为,一定要清楚、有条理,便于今后查找,采用的方法主要是手工记录,如果条件允许,应尽可能运用照相、录音、摄像等现代化的技术手段进行观察记录,确保记录的真实、准确、完整;二是事后追记,即在现场时利用记忆技术迅速记住观察现象的关键点,或用一些简单的符号代表观察现象的重要过程和重要事项,以作为回忆的依据,一待事件过后,马上补写记录,这种方法真实性、完整性、说服力都较差,一般不采用。

2.记录整理

在长期连续的观察中,会积累大量的观察记录,这些记录往往比较庞杂、分散和零乱,需要进行整理和分析。通常的做法是采用分类学或流程图的方法对观察记录作进一步的整理和分析。分类学主要是以人物、事件或行为为指标,分别建立资料档案以便查阅和检索。流程图是从资料中归纳出事件发展的几个重要阶段,然后按时间顺序对各个阶段作详尽描述和深入分析。

(四)观察误差

从严格的科学意义上讲,任何观察都会有一定的误差,而观察误差的大小会对调查结果产生很大影响。观察误差来自观察者(观察主体)和观察对象(观察客体)两个方面。在观察者方面,观察者的社会价值取向、职业道德、心理素质、工作作风、能力、知识与经验以及观察手段等都会造成观察误差。在观察对象方面,被观察者的反应、人为的假象、事物本质的显现程度等也是产生观察误差的主要因素。

针对造成观察误差的原因,可以采取以下解决措施。

首先,提高观察者的思想素质、知识水平和观察能力。这是提高观察质量、避免观察误差的根本途径。

其次,观察活动务必深入。这是观察活动成功的关键,也是避免观察误差最有效的途径。"深入"既包括观察时间的持续与持久性,也包括多点观察、重复观察等形式。

最后,尽可能避免观察活动对被观察者的影响。保持被观察对象的自然状态是观察真实情况的重要条件,因此,观察者要想方设法使自己的观察不影响或少影响被观察对象的活动。

通过这些努力,尽管仍然不可能完全消除观察误差,但是却可以将其减少到最低程度,观察结果也可以做到基本准确。

四、观察法的评价

(一)观察法的优点

在社会调查中,观察法是一种常用的资料搜集方法,它具有突出的优点,主要表现在以下几方面。

第一,资料具体生动,及时有效。它能获得直接的、具体的、生动的感性认识和真实可靠的第一手资料,特别是对于收集非言语的行为资料来说,它是最有效的方法。这是它的突出优势,所谓"百闻不如一见"就是说的这个意思。而且,由于观察法观察到的是正在发生的社会现象和被观察者的现实活动,所以获得的资料较为及时。

第二,可靠性较高。观察法要求观察者尽量采取措施使被观察者在自然状态下进行活动,直接观察处于自然状态下的社会现象,被观察者很难做假,借助于现场记录或录音、录像等工具,即使观察者做假也很容易被发现,而且在自然状态下观察对象受到的干扰较小,因此它所获得的资料误差相对其他方法来说是最小的。

第三,适于搜集用其他方法很难获取的信息。观察法可以避免其他调查方法经常遇到的一些问题,适用于对那些不能够、不需要或不愿意进行语言交流的社会现象进行调查,如对集群行为的调查研究。

第四,简便易行。观察法灵活性大、适应性强,可以随时随地进行,观察时间有弹性,一般毋须设计复杂的调查表,调查时间可长可短,只要调查员到达现场就行。因此,它的使用范围很广。

(二)观察法的缺点

观察法也有它的一些局限性,这主要表现在以下几方面。

第一,易受观察对象、观察者和观察范围的限制。观察法容易受到观察对象的反应、假象等的限制,也容易受到观察者的知识、能力、情感等主观因素的影响,而且只能应用于特定的时间内和较小的范围里,因此不太适于对重要问题及事物内部联系(特别是一些较为敏感的现象和问题)的研究,规模一般不大,不适于大面积调查,对事物的观察往往也难以精确化。

第二,难以进行定量分析。定量分析要求必须探寻每一个细节,用标准化语言予以记录,并能运用统计检验。但是,非结构式观察的直接性和自然性,使观察者很难预见到所要观察的社会现象和观察环境何时会发生变化和怎样变化,即很难控制环境变量和时间变量,而且具体观察者的感官和主观描述也很难相互对比,也难以通过定量分析推断其他单位或总体的情况。

第三,受时空条件的限制。观察法都是在一定时间、一定空间中进行的,超过一定时间或空间范围就观察不到。对于突发事件和偶然事件,观察者往往很难预料,所以就很难做到有目的、有准备的调查。

第四,观察结果带有一定的偶然性。观察对象通常是在特定时间、地点、条件下的社会现象或社会行为,这种现象或行为常常带有一定的偶然性,难以得出完全肯定或否定的结论。

第五,难以合作。现场观察往往需要直接观察某些组织和重要人物,但要让观察对象答应合作往往很难,即使是达成合作,在正式观察的过程中也往往会得不到观察对象的配合,尤其涉及一些隐私的时候,观察者往往会被拒绝。

第六,资料整理和分析难度大。观察法观察的范围大,涉及的行为和现象都非常复杂,得到的结果也是巨大而琐碎的,系统性差,难以分类和编码,更难以提炼出有意义的结论。

　　综上所述,研究者应充分了解观察法的优缺点,判断它的适用范围。在社会调查研究中,观察法可以与其他方法结合起来,扬长避短,以取得良好的效果。

第六章　资料的整理研究

资料整理是"根据调查研究的目的,运用科学的方法,对调查所获得的资料进行审查、检验、分类、汇总等初步加工,使之系统化和条理化,并以集中、简明的方式反映调查对象总体情况的过程"[①],也是将调查从感性认识上升到理性认知必不可少的中间环节。因此,对资料的整理进行研究是非常必要的。

第一节　资料整理的原则与意义

要想做好资料的整理工作,首先要对资料整理的原则和意义所有了解。

一、资料整理的原则

在进行资料整理时,为了保证资料的质量,需要遵守一定的原则,具体来说有以下几个。

---

① 周孝正,王朝中:《社会调查研究》,北京:中央广播电视大学出版社,2005年,第228页。

（一）真实性原则

在进行资料整理时，真实性原则是必须要遵守的最基本也最根本的原则。由于种种因素的影响，搜集来的资料中很可能存在一些虚假的内容，因而在进行资料整理时必须要对此认真辨别，去伪存真。而且，只有保证经过整理的资料都是真实的内容，才可能引导人们得到正确的结论，否则不仅得不出正确的结论，还会导致对社会认识的偏颇。

（二）完整性原则

所谓完整性原则，就是在进行资料整理时要确保反映社会调查对象的资料尽可能全面、完整，以便对社会调查对象的全貌进行真实的反映。若是资料的内容不完整，很可能会犯以偏概全的错误，导致得出的结论不正确，从而失去研究的价值。

（三）准确性原则

所谓准确性原则，就是在进行资料整理时要注意事实必须准确，特别是统计数据要准确。经过整理的事实材料和数据资料若仍含糊不清、模棱两可，甚至互相矛盾，则要得出正确、科学的结论是根本不可能的。

这里要特别说明的一点是，准确并非一成不变的概念，需要从具体的研究出发对准确性进行要求，通常以能够说明问题为标准，而并非越详细、越精确就越好。因为对准确的精度要求过高没有意义，还会加重人们的工作量，造成不要的资源浪费。而且，有些社会调查只需要使用模糊的概念进行统计，在这种情况下如果仍要求越精确越好，则会使结果反而不准确。

(四)系统性原则

所谓系统性原则,就是在进行资料整理时尽可能保证整理后的资料条理化、系统化。一般来说,条理清晰、一目了然是整理后的资料和整理前的资料相比最为直观的特点。

(五)有效性原则

所谓有效性原则,就是在进行资料整理时要确保整理后的资料是能够对调查课题进行充分说明的有用资料。若是整理后的资料对调查课题来说没有用处或是用处不大,则这些资料再真实、再丰富也是无效的。

(六)统一性原则

所谓统一性原则,就是在进行资料整理时要对各项调查指标的统计有统一的理解和解释,对调查指标的计算方法、计算单位和精度要求也要有统一的规定,否则将无法进行统计和比较研究。

(七)新颖性原则

所谓新颖性原则,就是在进行资料整理时尽量避免陈旧的思路而从新的角度对资料进行审视和组合。因为社会调查的目的并不是重复验证前人的研究结论,而是从现实中不断地发现问题、解决问题。

(八)简明性原则

所谓简明性原则,就是在进行资料整理时尽可能用简洁、明了、集中的形式反映出来。只有这样,才能减轻研究工作的困难,从而为进一步的分析研究打下良好的基础。

二、资料整理的意义

资料整理在整个社会调查研究中有着十分重要的意义,具体来说体现在以下几个方面。

(一)资料整理有利于保存原始的资料

社会调查研究并非一种短期的行为,而是人类文明成果的积累。因此,社会调查所获得的原始资料既是现阶段得出调查结论的重要客观依据,也是今后对同类现象进行研究的重要参考。而只有经过整理后的具有真实性和可靠性的原始资料,才具有长期保存的价值,也才能为今后同类现象的研究提供重要参考。

(二)资料整理有利于提高调查资料的质量和使用价值

一般来说,社会调查研究质量的高低直接取决于社会调查资料的优劣。而在搜集调查资料的过程中,由于调查人员以及调查手段、调查侧重点等的不同,往往导致得到的结果是分散的、零碎的,有时甚至是不完整的、虚假的。这时就需要通过资料整理进行细致的筛选,去粗取精、去伪存真,在必要时还要进行补充调查,以保证资料的真实、准确、完整,进而保证整个调查研究的顺利进行和调查研究工作的质量。

(三)资料整理有利于开展资料分析研究工作

只有对搜集来的分散、零碎的资料进行加工整理,使其形成完备的、系统的资料,才能确保资料分析研究工作的顺利进行。因此,资料的整理是进行资料分析研究工作的前提和基础。

第二节　资料整理的步骤

在进行资料整理时,除了要遵循一定的原则外,还要遵循一定的步骤。具体来说,资料整理包括资料的审核、资料的编码、资料的分组、资料的汇总和制作统计图表等五个步骤。

一、资料的审核

资料的审核是进行资料整理的第一步。所谓资料的审核,就是"研究者对调查所收集到的原始资料(主要是问卷)进行初步的审查和核实,校正错填、误填的答案,剔除乱填、空白和严重缺答的废卷"[1],其主要目的是保证原始资料具有较好的真实性、准确性、完整性和有效性,即保证原始资料有较高的质量,从而为今后的研究工作奠定基础。

(一)资料审核的要求

资料的审核并不是盲目的,而是有一定的要求的,具体来说有以下几个。

1.审核资料的真实性要求

审核资料的真实性要求,主要包括以下几方面的内容。

---

[1]　风笑天:《社会调查原理与方法》(修订第 2 版),北京:首都经济贸易大学出版社,2011 年,第 164 页。

（1）对资料来源的客观性问题进行调查。

对资料来源的客观性问题进行调查，就是调查资料是否是确实发生过的客观事实材料且切实通过调查而获得。通常来说，调查者主观杜撰、想象和猜测东西都不能成为分析研究的基础，在审核的过程中必须要去除。

（2）对资料本身的真实性问题进行调查。

由于某些因素的影响，即使是在实地调查中搜集到的资料也可能存在虚假的东西，这时就需要调查者在审核时依据自己已有的知识和经验对资料的真伪进行辨别，去除那些前后矛盾和明显违背常理的资料。

2. 审核资料的准确性要求

审核资料的准确性要求，就是在进行资料审核时着重对那些含糊不清和相互矛盾的资料进行检查。而在对资料的准确性进行审核时，要注意到资料的准确性要求是相对的，并非越精确越好。

3. 审核资料的完整性要求

审核资料的完整性要求，主要包括以下几方面的内容。

（1）对调查资料总体的完整性进行调查。

对资料总体的完整性进行调查，就是审查调查的过程是否按照设计的要求完成了，且是否调查了所有应该调查的项目。

（2）对每份调查资料的完整性进行调查。

对每份调查资料的完整性进行调查，就是审查每份调查表或问卷表是否都按照要求填写了。对于有问题的问题，必须要去除。

（二）资料审核的方法

在进行资料审核时，可以运用一定的方法，具体来说有以下几个。

1. 逻辑审核法

逻辑审核法,就是对调查资料的内容是否与常识和逻辑相符合、与其他相关资料对比是否有明显出入、各调查项目之间是否存在矛盾之处等进行核查。

2. 计算审核法

计算审核法是针对数字资料而言的,就是对计算是否正确、度量单位是否运用恰当、前后数字是否统一等进行核查。

(三)资料审核的方式

资料审核的方式主要有两种,即实地审核和集中审核。

1. 实地审核

实地审核也就是一边做调查一边审核资料,因此当调查资料的收集工作结束时,资料的审核工作也随之完成了。运用实地审核的方式,有及时且效果较好的优点,但需要特别仔细地对调查工作进行组织和安排,而且对调查人员的能力有较高的要求。

2. 集中审核

集中审核也就是在全部收集完调查资料后再集中时间进行审核。运用集中审核的方式,便于统一安排和管理调查工作,统一指导审核工作,从而确保审核标准的一致,审核的质量较高。但是,运用这种方式会拉长整个调查工作的周期,而且有些资料的审核因时间相隔较长或调查地点较远而无法落实。

要特别指出的是,就可行性而言,最好采用实地审核的方式。因为实地审核成本较低,且便于及时对发现的问题进行补充调查或重新调查。

二、资料的编码

审核后的资料如果要输入计算机进行处理,则必须对原始资料进行编码。资料的编码就是将调查资料转换成计算机可以识别的数字符号,输入计算机进行处理,然后将计算机处理的结果转换成能够阅读的资料。通常来说,这项工作要借助于编码手册或编码表来完成。

(一)资料编码的方式

一般来说,资料编码的方式主要有三种,即前编码、边缘编码和后编码。

1. 前编码

前编码又称"预编码",就是在设计调查问卷时事先为每一个题目的答案设置一个代码,然后在编码时只要逐一记录被调查者回答的选项代码即可。通常来说,前编码多运用于封闭式的问题,而且在问卷设计时的使用最为广泛。

2. 边缘编码

边缘编码就是在调查问卷中将选项编码的位置预留出来,通常在问卷的最右边,并用竖线将其与问题部分隔开。采用边缘编码,有利于提高录入和查错的工作效率。

3. 后编码

后编码就是在调查结束后,才对问卷进行编码。通常来说,后编码多运用于开放式问题和封闭式问题中的"其他"选项。

(二)资料编码的方式

在设计一份问卷时,通常会采用单项选择题、多项选择题、排序问题、矩阵式问题等多种形式。与此相适应,不同形式的问题的编码方式也有所不同。这里主要阐述一下单项选择题和多项选择题的编码方式。

1. 单项选择题的编码方式

通常情况下,单项选择题的编码在设计调查问卷时就已经确定好了答案的代码,因而在直接使用问卷设计时赋予每一个答案的数值作为他们的代码值即可。

2. 多项选择题的编码方式

多项选择题有多项限选题和不确定选择个数的多项选择题之分,其编码的方式存在一定的差异。

(1)多项限选题的编码方式。

对多项限选题进行编码时,可以采用两种方式:一种方式是将每一个答案前的数字作为代码值;另一种方式是利用"0,1"代码进行编码,即被选择的答案代码值为"1",未被选择的答案代码值为"0"。

(2)不确定选择个数的多项选择题的编码方式。

对不确定选择个数的多项选择题进行编码时,因很难确定预留几个编码才合适,因而通常也利用"0,1"编码的形式,即如果选中了用"1"表示,没有选中用"0"表示。

(三)编制编码手册

1. 编码手册的编制原因

通常来说,社会调查的样本规模较大,再加上每一份问卷又都包含了几十个甚至上百个问题,数据信息众多。因此,在对问卷进行编码和输入时,通常要由很多人共同完成。为了最大程度地降低资料转化过程中可能出现的失误,保证数据的质量,就需要研究者在将问卷中问题的编码值确定之后,在对问卷进行正式编码和输入之前编制一份编码手册,并将其发于所有从事问卷编码和输入的人员,以使他们能够依照统一的编码要求对资料进行转换。

2. 编码手册的编制内容

在编码手册中,要一一列出需要编码的项目和问题,并逐一对它们的代码、宽度、栏码、简要名称、答案赋值方式等进行规定,同时对一些特殊的情况也要予以说明。

3. 编码手册的编制要求

在编制编码手册时,要确保其规范统一、指示明确,且易于理解、便于操作。

三、资料的分组

在资料整理阶段,资料分组是一项必不可少的重要工作。资料分组又称"统计分组",是"根据社会调查研究的目的和要求,按照一定标志,将所研究的事物或现象区分为不同的类型或组的一种整理资料的方法"[①]。

(一)资料分组的意义

在资料整理的过程中,资料分组具有非常重要的作用,具体

---

① 吴增基,吴鹏森,苏振芳:《现代社会调查方法》(第 3 版),上海:上海人民出版社,2009 年,第 184 页。

来说体现在以下几个方面。

1. 有助于揭示社会总体现象内部的结构

一般来说，事物和现象都不是由单一的要素组成的，而是有着十分复杂的内部结构。只有依据一定的研究目的对资料进行分组，并计算出各组单位数占总体单位总数的比重，才能将事物或是现象内部的构成状况反映出来。

2. 有助于揭示社会总体现象内各个部分间的差异

社会现象是极其纷繁复杂的，因此即使处在同质的总体内，也可能存在着不同的类型。而通过资料分组的方式对现象总体内部各个部分间的差异进行认识，是最为普遍和常用的一种方法。

3. 有助于揭示社会现象间的相互关系

在现实世界中，任何的事物或现象都不是孤立存在的，而是相互影响、相互联系、相互制约的。对资料进行分组，就可以将事物或现象之间的相互关系反映出来，进而找出影响某一事物或现象发生、发展的因素。

(二)资料分组的步骤

在对资料进行分组时，一般来说要遵循以下几个步骤。

1. 选择分组标志

选择分组标志是进行资料分组的关键，而分组标志就是进行分组的标准或依据。在选择分组标志时需要遵守一定的原则，具体来说有以下几个。

(1)以调查研究的目的和任务为依据选择分组标志。

通常来说，研究对象本身具有多种特征，即具有多种可以作为分组依据的标志。这时就需要以调查研究的目的和任务为依据,从众多的特征中选择作为分组依据的标志。

（2）选择能够反映研究对象本质的分组标志。

研究对象本身具有多种特征,而这些特征又有一般特征和本质特征之分。一般来说,在选择分组标志时,需要选择最能对事物的本质特征进行反映的标志。

（3）要多角度地选择分组标志。

在选择分组标志时,除了要重视能对事物的本质特征进行反映的标志外,还要注重虽反映的是事物的非本质特征但能提供很多有价值信息的标志。也就是说,要多角度地选择分组标志,以对研究现象内部的结构以及各部分间的差别有全面、深刻的认识。

2. 确定分组界限

分组界限就是对组与组之间的边际进行划分,具体来说包括组数、组距、组限和组中值等内容。组数即分组后组的个数;组距即各个组中最大值与最小值之间的差距;组限即各个组两端的界点(组中最大的数值称为上限,最小的数值成为下限);组中值即各个组内的中间量。

3. 编制变量数列

在统计中,各个标志的具体数值就叫做变量。而编制标量数列,就是将各数值归入适当的组内。

（三）资料分组的类型

在进行资料分组时,依据不同的标准可以分成不同的类型。

1. 依据所用分组标志的性质进行分组

依据所用分组标志的性质,可以将分组分为按数量标志分组和按品质标志分组两类。所谓按数量标志分组,就是依据事物的数量特征进行分组;所谓按品质标志分组,就是依据事物的性质进行分组。

2.依据所用分组标志的数量进行分组

依据所用分组标志的数量,可以将分组分为两种类型,即简单分组和复合分组两类。所谓简单分组,就是只按照一个标志对调查对象进行分组;所谓复合分组,就是用两个或两个以上的标志(一般以 2~3 个标志为宜)对调查对象依次进行分组。要特别提醒的是,复合分组并非分组越细越好,因为每多一次分组,组数会成倍增加,而被分到各组的单位数却不断减少,这将会导致后面的分析变得困难。

四、资料的汇总

资料的汇总也是资料整理过程中必不可少的一个环节。所谓资料的汇总,就是根据调查研究的目的,把资料中分散、凌乱的数据汇集在一起,从而以集中的方式对调查对象总体的内部数量结构进行反映。

(一)资料汇总的类型

资料的汇总依据调查研究目的的不同,可以分为总体汇总和分组汇总两种类型。

1.资料的总体汇总

资料的总体汇总是为了对总体情况及其发展趋势进行了解,可以在未对资料分组之前进行。

2. 资料的分组汇总

资料的分组汇总是为了对总体内部的结构及其差异进行了解，必须在进行了资料分组之后进行。

(二)资料汇总的技术

当前，资料汇总的技术主要有两种，即手工汇总和机械汇总。

1. 手工汇总

手工汇总多用于数量较少且答案不易统一的资料的汇总。在进行手工汇总时，可以借助一定的方法，具体来说有以下几个。

(1)点线法。

点线法是手工汇总中最基本、最常用的一种方法。点线法又称"划记法"，就是用点或线等记号统计数据出现频率的一种方法，类似于选举中常用的唱票方法。"正""卌"等是点线法中常用的点线记号。

点线法简便易行，但在点、线过多时容易出现错漏。

(2)卡片法。

卡片法，就是利用特制的资料卡片进行资料汇总的一种方法。在利用卡片法进行资料汇总时，首先要依据调查的内容和分组的需要对卡片进行设计，其次要把相关的内容摘录到卡片相应的空格内，最后要进行分组计算并将计算的结果填在相应统计表中。

用卡片法进行资料汇总，最主要的目的就是简化原始资料，从而便于对资料进行分组汇总。但是，运用这种方法会有很大的工作量，且在进行统计工作时较为麻烦，因而多在参与人员较多且规模较大的正规调查中运用。

(3)过录法。

过录法，就是将获得的原始调查资料先过录到预先设计的过录表或汇总表中,然后再进行计算汇总的一种方法。

用过录法进行资料汇总,能较容易地看出总体各单位的情况,而且能够防止遗漏和重复,不容易出错。但是,运用这种方法会有很大的工作量,故而多在调查单位不多的调查中运用。

(4)折叠法。

折叠法,就是将调查表或初级统计报表依照相同的项目或指标依次折叠起来直接进行汇总的一种方法,主要适用于统计报表等原始数据资料的汇总。

用折叠法进行资料汇总,简单易行,但汇总资料的份数不宜过多,份数过多时不便于进行计算,而且一旦在汇总过程中出了差错就需要从头返工。

2.机械汇总

机械汇总就是借助于一些机械来完成资料的汇总,多用于数量较大且答案较整齐的资料的汇总。当前,计算机汇总已经成为了机械汇总的代名词。而在运用计算机汇总时,需要做好以下两个方面的工作。

(1)进行资料编码。

运用计算机汇总,首先要做的工作就是进行资料编码。有关资料编码的相关知识,前面的内容中已详细阐述,这里不再赘述。

(2)进行资料录入。

资料录入就是依据编码手册中所编制的代码,将资料录入到计算机中。一般来说,资料录入的方式主要有三种:第一种是直接将原始的资料一份份地直接输入计算机,这种方式有较高的正确率,但是速度较慢;第二种是先将原始的资料转录到专门的登记卡上,再通过登记卡将资料输入计算机,这种方式有较快的速度,但可能会在转录过程中出现错误;第三种是将原始的资料通过光学扫描仪(一种能判读记在特殊的编码纸上的铅笔标记并能将这些标记所表达的信息转换为数据文档的机器)输入计算机,这种方式既有着较快的速度,又能保证较高的正确率。但是,这种方式的过程较为麻烦,而且对资料有较高的要求。

当前,为了提高资料录入的速度,并减少资料录入的出错率,人们发明了一些专门用于资料录入的软件,常用的有 ABtab、AIDA、Data Desk、MASS、SPSS 等。

五、制作统计图表

资料汇总的结果,可以通过编制统计图表的形式直观、简明、集中地表现出来。

(一)制作统计图

统计图,就是用几何图形或象形图表现数字资料的对比关系的一种重要形式,具有直观性、形象性和生动性等特点。但是,统计图更侧重于对总体中各部分间的比较进行反映,对某一具体个体的指标数据的反映则不具优势。

1.统计图的作用

统计图在对各种数字资料进行反映方面有着十分重要的作用,具体来说体现在以下几个方面。

(1)有利于对事物总体的内部结构进行表现。

(2)有利于对统计指标在不同的时间、不同的地点、不同的条件下的对比关系进行反映。

(3)有利于对事物发展变化的过程及其趋势进行反映。

(4)有利于对总体单位依据某一标志的分布情况进行说明。

(5)有利于对现象之间的相互依存关系进行显示。

2.统计图的类型

统计图依据不同的标准,可以分为不同的类型。

（1）以统计图的作用为标准进行分类。

以统计图的作用为标准，可以将统计图分为比较图、结构图、动态图、相关图、分配图等。

（2）以统计图的制作形式为标准进行分类。

以统计图的制作形式为标准，可以将统计图分为条形图、圆形图、曲线图和象形图等。

条形图又称"柱形图"，有着非常广泛的运用范围，既可以用来表示事物的大小、内部结构及其动态变动等情况，又可以用来表示事物间的比较。

圆形图就是利用圆形面积的大小或是圆内扇形面积的大小对事物的大小以及事物内部各部分所占比重进行表示的一种统计图，多用来显示事物内部的构成状况。

曲线图就是利用连续起伏升降的线条对事物的分布特征或是动态进行反映的一种统计图。

象形图就是依据调查对象本身的实物形象来表示统计资料的一种统计图，具有形象性、生动性和易理解性等特点。当前，常见的象形图主要有两种，即单位象形图和长度象形图。

3. 统计图的制作

在制作统计图时，需要遵守一些基本的要求，具体来说有以下几个。

（1）任何一种统计图都不能将每一种数据资料都很好地表现出来，因此在选择合适的统计图时，要以绘图的目的以及资料本身的特性为依据。

（2）统计图的标题和数字单位等要清晰、简明、一目了然；统计图的图示的内容也要简明扼要，重点突出。

（3）统计图的设计要确保准确、科学，从而能够真实地对资料进行表现。

（4）统计图的绘制要注意生动、美观和大方。

(二)制作统计表

统计表是利用二维表格对变量间的关系进行显示的一种形式,具有系统性、集中性、简明性和完整性等特点,能够为计算、阅读和分析研究提供便利。统计表从广义的角度来说包括社会调查中所使用的调查表、汇总表、整理表、分析表等,而这里主要介绍狭义角度定义的统计表,即显示资料整理结果所用的统计表。

1.统计表的构成

一个完整的统计表,通常由标题、标目、数字和表注四个部分构成。

(1)标题。

统计表的标题,也就是统计表的名称,通常位于表的顶端中央,主要用来对表中统计资料的内容进行简要说明。

(2)标目。

统计表的标目又可以分为横标目和总标目,其中横标目又称"统计表的主项",通常位于表的左边,用来对总体各组或各单位的标志进行说明;纵标目又称"统计表的宾项",通常位于表的右上方,主要用来对总体各组或各单位的指标进行说明。

(3)数字。

数字作为统计表的主体,通常位于由横标目和总标目形成的二维空间中,主要用来对总体各组或各成员有关指标的数量特征进行说明。

(4)表注。

表注通常位于表的下面,用来表明资料的出处,或是对表中的有关内容进行必要的说明。

2.统计表的类型

统计表依据不同的标准,可以分为不同的类型。

（1）以统计表的横标目为标准进行分类。

以统计表的横标目为标准，可以将统计表分为简单表、简单分组表和复合分组表三种类型。

简单表指的是横标目未作任何分组的统计表，通常用来对某一变量在不同年份的变量值进行反映。

简单分组表指的是横标目依据一个标志进行分组的统计表，既可以用来对不同类型现象的数量特征进行揭示，又可以用来对现象之间的相互关系进行分析。

复合分组表指的是横标目依据两个或两个以上的标志进行层叠分组的统计表，可以将多种标志综合起来，进而从不同的角度对社会现象的特征进行反映。

（2）以统计表的纵标目为标准进行分类。

以统计表的纵标目为标准，可以将统计表分为简单设计表和复合设计表两种类型。其中，简单设计表就是将纵标目的各个指标平行排列的统计表；复合设计表就是将总标目的各个指标结合起来相互重叠的统计表。

3. 统计表的制作

在制作统计表时，需要遵守一些基本的要求，具体来说有以下几个。

（1）统计表的标题要简短、明了，并能对资料的基本内容和时空范围进行确切的说明。

（2）统计表的标目概念要明确，同时在排列时要遵循一定的逻辑顺序，通常为先局部后整体。

（3）统计表的栏数（即纵标目）较多时，为了说明或引用时方便，可以在栏目的下面一格对各栏目进行编号。

（4）统计表内数字的填写要准确、规范、整齐。

（5）当统计表需要说明的文字时，一律将其写入表注，同时注意表注要写得简明扼要。

（6）当统计表需要换页时，在新的一页要依照原样列出标目。

　　总的来说,在资料整理的过程中,上面几个步骤是有机联系在一起的,但各个步骤间的顺序并非绝对,如资料的汇总可以在资料分组之后进行,也可以在资料分组之前进行。

第七章　资料的分析研究

通常来说,调查所得的原始资料在经过整理后,还需进行系统的统计分析,才能将原始资料中所包含的大量信息揭示出来,从而使调查得出科学、正确的结论。因此,对资料进行分析研究是十分必要的,而单变量分析和双变量分析是资料分析研究中最常用到的两种方法。

第一节　单变量分析

单变量分析又称"单变量统计分析",就是在一个时间点上对某一变量所进行的描述和统计,因而又可以分为单变量描述统计和单变量推论统计两种方式。

一、单变量描述统计

单变量描述统计,就是"用最简单的概括形式反映出大量数据资料所容纳的基本信息"①。在运用单变量描述统计进行资料的分析研究时,可以从以下几个方面着手。

---

① 风笑天:《现代社会调查方法》(第 4 版),武汉:华中科技大学出版社,2009 年,第 196 页。

(一)确定频数分布与频率分布

1.频数分布

频数指的是在各个类别中分布的数据个数,而将各个类别及其相应的频数一一列出来,就是频数分布。通常情况下,频数分布是以频数分布表的形式出现的。

频数分布表主要是由组别、各组的单位数和各组在总体中所占的比重三个要素构成的,其中组别即各组的名称或是标志值;各组的单位数又称"频数""次数",在公式中用字母"f"来表示;各组在总体中所占的比重即频率,在公式中用字母"p"来表示。

频数分布表也有着非常重要的作用,具体来说体现在以下几个方面。

(1)频数分布表有利于对资料进行简化,即可以将调查所得的大量原始数据以简洁统计表的形式反映出来。

(2)频数分布表有利于对调查现象总体内部的结构、差异及发展变化的状况等有更加清晰的了解,从而使接下来的研究更加顺畅和便利。

2.频率分布

频率分布,就是在一组数据中,不同取值的频数相对于总数的比率分布情况,通常用百分比(%)表示。与频数分布一样,频率分布也是以频率分布表的形式出现的。

频率分布表中,通常只将组别以及各组在总体中所占的比重列出,各组的单位数则不列出。

要特别指出的一点是,频率分布表是不同的类别在总体中的相对比重,而频数分布表则是不同的类别在总体中的绝对比重。

(二)进行集中趋势分析

所谓集中趋势分析,就是用一个代表值或典型值对一组数据的一般水平进行反映,或是对这组数据向这个代表值或典型值集中的情况进行反映。由于集中趋势分析对大量数据的共性进行了科学抽象,能够对被研究对象在具体条件下的一般水平进行说明,因而在单变量描述统计中的应用非常广泛。

1. 进行集中趋势分析的意义

在资料分析研究过程中,进行集中趋势分析具有十分重要的意义,具体来说体现在以下几个方面。

(1)有利于对一组数据整体的共性及其平均水平进行说明。

(2)有利于对某一调查总体中的各具体单位的数值进行预测或估计。

(3)有利于进行两组数据间的比较,进而得出两组数据的数值差别。

(4)有利于对不同社会现象间的相互依存关系进行分析。

2. 进行集中趋势分析的方式

进行集中趋势分析时,可以通过计算众数、中位数和平均数三种方式来实现。

(1)众数。

在一组数据中,出现次数最多或出现频率最高的变量值即为众数,通常用 M_0 来表示。众数可以对数据总体的一般水平或典型情况进行反映,而且算法简单,极易被理解。

在计算众数时,通常运用直接观察法。运用这种方法求众数,极为简便,只要在编制的频数分布表中直接观察,找出最大频数所对应的标志值即为众数。

要特别指出的是,计算众数需要满足一定的条件。通常,只有在总体单位数较多且有着非常明显的集中趋势的资料中,才能计算众数,否则不宜计算众数。若是资料内的单位总体足够多,也有十分明显的集中趋势,但最大频数所对应的标志值不止一个,就需要先明确总体单位是否为同一类型,即先对总体单位的同质性问题进行考虑。多数情况下,需要通过重新分组的方式找出众数。

(2)中位数。

在一组按照大小顺序排列的数据中,处于中间位置上的数值即为中位数,通常用 M_d 来表示。很显然,中位数将所有的数据分为了两半,其中一半数据的值比它大,而另一半数据的值比它小。

在计算中位数时,主要有两种求法。一种是利用原始资料求中位数。要先将所有的数据按照大小进行排序,然后求所有的数据在排列上的中间位置,而中间位置所对应的变量值,就是中位数。这里,还需要对数据个数的奇偶进行考虑,若是奇数则中位数在 $\dfrac{n+1}{2}$ 位置上,若是偶数则中位数的位置在最中央两个变量值之间,无直接对应数值。

另一种是利用分组资料求中位数。这种求法又可以分为两种情形:第一,利用单项分组资料求中位数,其方法与利用原始资料求中位数的方法大致相同,也是先将中间位置求出,然后找出其所对应的变量值;第二,利用组距分组资料求中位数,其方法是先列出累计频数(累计频数就是将频数分布中的频数逐级相加起来),然后对中位数所在组进行确定,最后利用公式 $M_d = L + \dfrac{\dfrac{\sum f}{2} - cf_{m-1}}{f_m} \times i$(L是中位数所在组的下限值,$\sum f$ 是累计频数,f_m 是中位数所在组的频数,cf_{m-1} 是比中位数所在组小的各组的累计频数,i 是中位数所在组的组距)求出中位数的值。

(3)平均数。

平均数又称"算术平均数""均值",是社会调查中使用最多的集中量数。用总体各单位数值之和除以总体单位数目,所得之商即为平均数,通常用 $\overline{X}$ 来表示。

在计算平均数时,也主要有两种求法。一种是利用原始资料求平均数,即求简单平均数,其结果就是各变量值的总和与变量值的个数相除所得之商,计算公式是 $\overline{X} = \dfrac{X_1 + X_2 + X_3 + \cdots + X_n}{n} = \dfrac{\sum X_i}{n}$(n 是总体单位的数目,$\sum X_i$ 是总体单位中各变量的总和)。

另一种是利用分组资料求平均数,即求加权平均数。而这种求法也可以分为两种情形:第一,利用单项分组资料求平均数,其公式是 $\overline{X} = \dfrac{X_1 f_1 + X_2 f_2 + X_3 f_3 + \cdots + X_n f_n}{f_1 + f_2 + f_3 + \cdots + f_n} = \dfrac{\sum X_i f_i}{\sum f_i}$($f$ 是变量值在总体中出现的频数);第二,利用组距分组资料求平均数,其公式是 $\overline{X} = \dfrac{\sum X_{mid} f}{\sum f}$($f$ 是每组变量值的频数,X_{mid} 是每组的组中值)。

要特别指出的是,在利用集中趋势分析进行资料的分析研究时,要特别注意调查对象的同质性问题,因为只有在具有某一相同特征的总体中,集中趋势分析才能有代表性,也才有意义。

(三)进行离散趋势分析

所谓离散趋势分析,就是用一个特别的数值将一组数据相互之间的离散程度反映出来。

1.进行离散趋势分析的意义

在资料分析研究过程中,进行离散趋势分析也具有十分重要的意义。它能对集中趋势分析进行补充,和集中趋势分析分别从两个侧面对一组数据的分布情况进行描述和反映,进而能使人们对一组数据的频数分布情况有全面的了解。

2. 进行离散趋势分析的方式

进行离散趋势分析时,可以通过计算全距、异众比率、标准差和离散系数等方式来实现。

(1)全距。

全距又称"极差",指的是一组数据中最大值和最小值之间的距离,通常用 R 来表示。

全距是对数据的离散程度进行表述的最简便方法,通常情况下,一组数据中的全距越大,表明其离散程度也越大;而一组数据中的全距越小,表明其离散程度也越小。但是,全距在测定时只依据两个极端值,故而并不能将处于两个极端值间的数据的离散程度反映出来。

(2)异众比率。

异众比率又称"变差比""离异比率",指的是非众数的频数在总频数中所占的比率,通常用 V_r 来表示。因此,异众比率能够将众数无法代表的那一部分个案数,即非众数的数值在总体中所占的比重反映出来。

异众比率的公式是 $V_r = \dfrac{N - f_{mo}}{N}$(N 是总频数,$f_{mo}$ 是众数的频数)。通常情况下,异众比率越大时,表明众数的代表性越小;异众比率越小时,表明众数的代表性越大。

(3)标准差。

标准差是使用最多也最重要的离散趋势分析指标,指的是"一组数据中各个数值与算术平均数相减之差的平方和的算术平均数的平方根"[1],通常用 S 来表示。

标准差的计算方法有两种。一种是利用原始资料求标准差,公式是 $S = \sqrt{\dfrac{\sum (X_i - \overline{X})^2}{n}}$(n 是总体单位的数目,$X_i$ 是

---

① 吴增基,吴鹏森,苏振芳:《现代社会调查方法》(第 3 版),上海:上海人民出版社,2009 年,第 219 页。

各个数值)。

另一种是利用分组资料求标准差,也有两种情形:第一,利用单项分组资料求标准差,公式是 $S = \sqrt{\dfrac{\sum (X_i - \overline{X})^2 f}{n}}$ (f 是变量值在总体中出现的频数);第二,利用组距分组资料求标准差,公式是 $S = \sqrt{\dfrac{\sum (X_{mid} - \overline{X})^2 f}{n}}$ (X_{mid} 是各组组中值)。

(4)离散系数。

离散系数又称"变差系数",指的是标准差与平均数的比值,通常用%来表示。

通常情况下(即平均数不为零的情况),离散系数越大,表明数据的离散程度越大;离散系数越小,表明数据的离散程度越小。

二、单变量推论统计

在实际的社会调查中,普查的方式使用很少,通常是使用抽样调查的方式。而单变量推论统计的目的,就是通过从样本调查中所得到的数据资料,对总体的状况进行推断。通常情况下,在运用单变量推论统计进行资料的分析研究时,可以从以下几个方面着手。

(一)进行区间估计

1. 区间估计的定义

所谓区间估计,指的是"在一定的标准差范围内设立一个置信区间,然后联系这个区间的可信度将样本统计值推论为总体参数值。它的实质是在一定的置信度下,用样本统计值的某个范围来'框'住总体的参数值,即以两个数值之间的间距来估计参数值"[1]。

2.区间估计的范围

一般情况下,区间估计的范围是由估计时所要求的精确度与置信度来决定的。

(1)区间范围与精确度的关系。

从精确度的角度来说,区间的范围越大,表明精确度越低;区间的范围越小,表明精确度越高。

(2)区间范围与置信度的关系。

从置信度的角度来说,区间的范围越大,表明置信度越高;区间的范围越小,表明置信度越小。置信度常用 $1-\alpha$ 来表示,可以通过标准正态分布表将其临界值即 Z 值查出。

要特别指出的是,在进行区间估计时必须要统筹考虑精确度与置信度这两个因素,并在二者之间进行平衡与选择。

3.区间估计的方法

这里主要对总体百分比的区间估计方法和总体均值的区间估计方法进行分析。

(1)总体百分比的区间估计方法

总体百分比的区间估计又称"百分率估计",其估计法为

$P \pm Z_{Q(1-\alpha)} \sqrt{\dfrac{p(1-p)}{n}}$ (p 是抽样样本中的百分比,$Z_{Q(1-\alpha)}$ 是置信度对应的 Z 值)。

(2)总体均值的区间估计方法

总体均值的区间估计有小样本的总体均值区间估计和大样本的总体均值区间估计之分,但通常以大样本的总体均值区间估

[1]　吴增基,吴鹏森,苏振芳:《现代社会调查方法》(第 3 版),上海:上海人民出版社,2009 年,第 223 页。

计为主,其估计法为 $\overline{X} \pm Z_{Q(1-\alpha)} \dfrac{S}{\sqrt{n}}$($\overline{X}$ 是抽样样本的平均数,S 是抽样样本的的标准差,n 是抽样样本数)。

(二)进行假设检验

1.假设检验的定义

所谓假设检验,就是"先对总体的某一参数作出假设,然后用样本的统计量去进行验证,以决定假设是否为总体所接受"[①]。

2.假设检验的依据

假设检验依据的是概率论中"小概率事件(概率不超过 0.05 或 0.01 的事件,也称为显著性水平)在一次观察中不可能出现"的小概率原理。而在实际的情况中,如果小概率事件恰巧发生了,则可以采用以下两种方法进行判断。

(1)仍然认为其发生的概率很小,只不过是凑巧碰到的。

(2)不认为其发生的概率很小,也就是说并不认为其是一个小概率事件,而将其作为一个大概率事件看待。

一般来说,第二种判断是更为合理的,而它也正代表了假设检验的基本思想。

3.假设检验的步骤

假设检验的步骤,可以将其概括如下。

(1)建立虚无假设以及研究假设,一般来说虚无假设就是原假设。

(2)依据需要对小概率事件进行选择。

(3)依据样本的数据,将统计值算出,并依据小概率事件查出

---

① 风笑天:《现代社会调查方法》(第 4 版),武汉:华中科技大学出版社,2009 年,第 207 页。

对应的临界值。

（4）比较统计值和比较值，若临界值大于统计值的绝对值，则要否定研究假设，接受虚无假设；若是临界值小于统计值的绝对值，则要否定虚无假设，接受研究假设。

第二节 双变量分析

在社会资料的统计分析中，社会现象之间的错综复杂的关系表现为各种变量之间的错综复杂关系。但无论涉及多少个变量，多个变量之间的关系通常都可以分解还原成若干个双变量间的关系，两个变量之间的关系是调查资料统计分析工作的基础，也是我们认识社会现象的基础。这里就变量关系、交互分类、双变量的相关计分析、回归分析作为重点阐述对象。

一、变量关系

在现实生活中，社会现象之间的关系是复杂的，彼此相互联系、相互影响、相互依存，这种现象在统计分析中就构成了变量关系。

（一）变量关系的类型

变量关系从不同的角度划分，可以有不同的类型。从数量上看，变量关系可以分为两个变量之间的关系和两个以上的多变量之间的关系；从变量关系的性质看，可以分为函数关系和相关关系；从变量关系的形态看，可以分为直线关系与曲线关系。此外还有虚假相关与中介相关等。这里主要分析函数关系、相关关系以及特殊的相关关系——因果关系。

1. 函数关系

函数关系是指当一个变量或几个变量取一定值时,另一个变量有确定的值与之相对应,一般用方程 $y = f(x)$ 加以表示。函数关系具有以下特点:第一,变量之间存在着数量上的依存关系;第二,变量之间数量上的依存关系的具体关系值是固定的,可以用数学公式表示。

2. 相关关系

相关关系是指变量之间存在着不严格的数量依存关系,即当一个或几个相互联系的变量取一定数值时,与之相对应的另一个变量的取值往往不确定,但它一般按某种规律在一定范围内变化。相关关系具有对称性,即当其中一个变量发生变化时,另一个变量也随之发生变化;反过来也一样。比如,人们的社会地位与收入水平之间通常具有相关性,即正比例关系。用假设的语言表达,就是"人们的社会地位"(变量 X)与"人们的收入水平"(变量 Y)之间存在着相关关系。

相关关系用符号表示为:$X \leftrightarrow Y$

需要指出的是,这里所说的相关关系,是指在统计上相关的两变量之间在实质上也存在相互影响的关系,如居民消费支出与可支配收入之间的相关关系。对于统计相关而实际无关的情况被称为虚假相关。例如,居住密度与青少年犯罪率之间的相关就可能是虚假相关。只有统计相关并且在实际上也相关的变量关系才是真正的相关关系。

虽然函数关系与相关关系是两种不同类型的变量关系,但是它们在一定的条件下可以互相转化。"本来具有函数关系的变量,当存在观察误差时,其函数关系往往以相关关系的形式表现出来。而具有相关关系的变量,如果我们对它们有了深刻的规律性认识,并且能够把影响因变量变动的因素全部纳入方程,这时的相关关系也可能转化为函数关系。"[1]

3. 因果关系

谈到了相关关系，就不得不提到一种特殊的相关关系——因果关系。因果关系是"两个变量之间一种单向的、不对称的、在发生时间或逻辑顺序上有先后的一种特殊的相关关系"[2]。从定义中可以看出，其中一个变量(X)变化时(取不同的值)会引起或导致另一个变量(Y)也随之发生变化(取值也不同)；但反过来，当后一变量(Y)变化时，却不会引起前一变量(X)的变化。例如，吸烟可以引起肺癌，而肺癌不会导致吸烟。

因果关系用符号表示为：$X \rightarrow Y$

相关关系与因果关系有一定的联系，但二者并不是一回事。如果变量 X 与变量 Y 之间存在因果关系，那么它们之间必定存在相关关系。但如果两个变量之间存在相关关系，它们之间未必存在因果关系。

社会调查的最重要任务就是要寻找事物之间的因果关系。但社会现象非常复杂，通常都是表现为相关关系，很难直接发现其因果关系。社会调查只能从各种统计相关中寻找可能存在的因果关系。要确定因果关系，其首要任务就是要从相关关系中找到自变量(X)和因变量(Y)，从变量间关系的不对称性、时序性、直接性来判定它们之间是否存在因果关系。

(1)变量间关系的不对称性

变量间关系的不对称性，即变量 X 与变量 Y 之间存在着不对称的相关关系：当变量 X 发生变化时，变量 Y 随之发生变化；而变量 Y 发生变化时，变量 X 并不随之发生变化。这种不对称的相关关系，是因果关系成立的基础。

---

[1]　风笑天：《社会调查方法》，北京：中国人民大学出版社，2012 年，第 193 页。
[2]　吴增基等：《现代社会调查方法》(第 3 版)，上海：上海人民出版社，2009 年，第 230 页。

（2）变量间关系的时序性

变量间关系的时序性，即变量 X 与变量 Y 在发生的时间顺序上必须有先后之别：原因变量 X 在前，结果变量 Y 在后。如果两个变量的变化同时发生，分不出先后，则不能成为因果关系。

在特殊情况下，两变量间虽然无法确定存在的时间先后顺序，但从逻辑上仍然可以确定二者之间的因果关系。例如，一个农村贫困地区的农民终生是文盲，不识字，我们无法判断贫困与文盲孰先孰后。但从逻辑上我们仍然可以判断，出身是自变量，而文盲是因变量。通常情况下，我们是通过变量的不变性与可变性来确定其相互之间的因果逻辑关系的。

（3）变量间关系的直接性

变量间关系的直接性，即变量 X 与变量 Y 的关系不是源于第三个变量影响的结果，否则它们之间的关系就是一种虚假关系或表面关系。例如，在一项社会调查中人们发现，城市动物园里的动物数量越多，城市的犯罪率越高，似乎二者之间有某种因果关系。但进一步研究发现，二者并无直接关系，它们之间的相关性是由城市规模与城市人口密度所决定的。

（二）变量之间的相关关系

社会现象受随机因素影响很大，它们之间多为相关关系。所以，这里以其作为阐述变量间关系的重点。

1. 变量之间相关关系的强度

变量与变量之间相关关系的强度是指变量之间相关程度的强弱或大小。[①] 这些变量之间的相关程度，在统计学上称为相关系数。根据变量层次的不同，有各种不同的相关系数，但这些相关系数的取值范围一般都在 -1 到 $+1$ 之间（$-1 \leqslant r \leqslant 1$），或者在

---

① 吴增基等：《现代社会调查方法》（第 3 版），上海：上海人民出版社，2009 年，第 229 页。

0 与 1 之间(0≤r≤1)。这里的正负号表示的是相关关系的方向,而实际的数值则表明相关关系的强弱。值得注意的是,对于社会现象来说,相关系数的值不可能达到 1(或−1),也即是说,在社会研究中不存在完全的正相关或负相关。相关系数的值越接近 0,意味着两变量相关的程度越弱;而相关系数的值越接近于 1(或−1),则意味着两变量相关的程度越强。

2. 变量之间相关关系的类型

变量之间的相关关系可以按照不同的标准区分为以下不同的类型。

(1)正相关和负相关。

变量之间的相关关系按相关的方向可分为正相关和负相关。

如果具有相关关系的两个变量之中,一个变量的取值增加或减少时,另一个变量的取值也随之增加或减少,这两个变量之间的关系就是正相关关系。此时,两个变量的取值变化具有同方向性。比如教育水平越高,工资收入越高。图 7-1(a)(b)反映了两个变量之间的正相关关系。

如果具有相关关系的两个变量之中,当一个变量的取值增加或减少时,另一个变量的取值反而减少或增加,这种相关关系即为负相关关系。负相关关系中,两个变量的取值变化具有反方向性。比如教育水平越高,理想子女数越少。图 7-1(d)(e)反映了两个变量之间的负相关关系。

需要注意的是,相关方向的分析只限于定序以上层次的变量分析,因为这些变量的值有高低或大小之分。而定类变量中的变量的值只有类别之分而无高低、大小之分,所以它与其他变量之间的相关也就无正或负方向一说。

(2)线性相关和非线性相关。

变量之间的相关关系按相关形式可分为线性相关和非线性相关。所谓线性相关,指的是"当变量 X 值发生变动时,变量 Y 的值也随之发生大致均等的变动。并且在直角坐标系中,每对

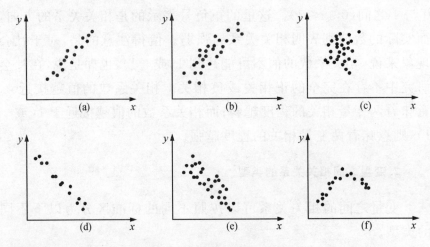

图 7-1　两个变量之间的相关图

X、Y 的值所对应的点分布呈直线状趋势"[1]。图 7-1(a)(b)(d)(e) 反映了两个变量之间的线性相关关系。例如,人均消费水平与人均收入水平之间通常呈线性相关。非线性相关,又称曲线相关,是指"当一个变量发生变动时,另一个变量也随之变动,但并不表现为直线关系,而近似于曲线关系"[2]。图 7-1(f) 反映了两个变量之间的非线性相关关系。例如,施肥量和亩产量之间的关系,在一定数量界限内,施肥量增加,亩产量相应增加,但一旦施肥量超过一定数量,亩产量反而出现下降情况,这就是一种非线性相关。

(3)完全相关、不完全相关和完全不相关。

变量之间的相关关系按相关程度可分为完全相关、不完全相关和完全不相关。"完全相关是指一个变量的数量变化完全由另一个变量的数量变化所确定;完全不相关是指变量之间彼此互不影响,其变量变化各自独立;不完全相关是指两个变量的关系介于完全相关或完全不相关之间。"[3]大多数统计法用[-1,1]的区间代表相关程度,这在前文已经有所提及,此处不再赘述。图 7-1

---

[1]　吴增基等:《现代社会调查方法》(第 3 版),上海:上海人民出版社,2009 年,第 230 页。

[2]　风笑天:《社会调查方法》,北京:中国人民大学出版社,2012 年,第 194 页。

[3]　同上

中,除 7-1(c)反映了两个变量之间的不相关外,图 7-1(a)(b)(d)(e)(f)均反映了两个变量之间的不完全相关。

(4)单相关、复相关和偏相关。

变量之间的相关关系按变量多少可分为单相关、复相关和偏相关。单相关,即两个变量之间的相关。复相关,即一个变量与两个或两个以上变量的相关关系。偏相关,即在一个变量与两个或两个以上变量相关的条件下,当假定其他变量不变时,其中两个变量的相关关系。

(5)真实相关和虚假相关。

变量之间的相关关系按相关性质可分为真实相关和虚假相关。真实相关,即两个变量之间的相关具有内在联系。虚假相关,又称伪相关,即变量之间只是存在数量上的相关关系,实质上没有内在联系。这在前文已经有所提及,此处不再赘述。

二、交互分类

(一)交互分类的含义

交互分类,即"将研究所得的一组数据按照两个不同的变量进行综合分类,其结果通常用交互分类表来表示"[1]。交互分类表,又称列联表,它是指"两个(及两个以上)定类或定序变量在统计表的主项和宾项两个方向上都进行分组的一种统计表"[2]。交互分类表在描述两个定类(或定序)变量间关系的资料分布、显示其内在结构,进而计算两个变量间关系强度等方面具有重要的作用,因而被广泛应用。如表 7-1、表 7-2 所示。

---

① 风笑天:《社会调查方法》,北京:中国人民大学出版社,2012 年,第 195 页。
② 吴增基等:《现代社会调查方法》(第 3 版),上海:上海人民出版社,2009 年,第 233 页.

表 7-1　男女职工对提前退休政策的态度(人)

	男	女	合计
赞成	84	65	149
反对	336	435	771
合计	420	500	920

表 7-2　各年龄段职工对提前退休政策的态度(%)

年龄阶段 态度	青年	中年	老年	合计
赞成	50.9	33.5	12.2	100
反对	49.1	66.5	87.8	100
合计	100	100	100	—

表 7-1 显示的是两个定类变量间关系的频数资料的分布情况,表 7-2 显示的是一个定类与一个定序变量间关系的频率资料的分布情况。

需要指出的是,上述结论只是在所调查的样本范围内成立。要保证从样本得出的结果在总体中具有统计意义,还必须进行专门的检验。

(二)交互分类表的设计要求

交互分类表的设计除了应遵循统计表设计的一些基本要求之外,还应遵循如下几个要求。

(1)表格中的线条要简洁。舍去不必要的线条,既可以节省绘制的工夫,也可以使读者对表中的数值一目了然。比如表的左右两端的竖线条一般要去除,用以区隔因变量不同取值条件的横线条一般也要去除。表的上下两端一般用粗线条。

(2)通常应将自变量放在表的上方,因变量放在表的左侧,如考察不同社区的犯罪类型,应将社区变量放在表的上方,而将犯罪类型放在表的左侧。表中百分比的计算一般应以自变量方向(即纵栏方向)的累积数为基数进行计算。

(3)表中的变量数及每个变量的变量值数不能太多。通常只用来描述两个变量间的关系。少数情况下也可以描述三个变量间的关系,如果变量数及每个变量值数太多,不但增加工作量,而且不易看出变量间的相关关系。

(4)在表内频数资料的右侧应保留一定的空间,以填写计算出的百分比。百分比通常保留一位小数,但在同一表中应保持前后一致性。为简便起见,表中的百分比可放在标题中,也可放在每一纵栏数字的头上。

三、双变量的相关分析

双变量相关分析的主要任务之一是要检验两个变量间是否存在相关关系。在两个变量的假设检验中,常用的方法有: x^2 检验(chi-square Test,读作卡方)、Gamma 系数的检验(Z 检验)、t 检验和 F 检验等。这些检验方法都是根据抽样分布直接检验虚无假设 H_0,从而间接地检验研究假设 H_1,确定研究假设正确的可能性。这里重点介绍 x^2 检验的方法。

x^2 检验通常被用来推论两个定类变量在总体中是否也有相关关系。这是一种非参数检验的方法,它要求样本是随机抽取的。

在关于两个变量总体情况的假设检验中,研究假设 H_1 和虚无假设 H_0 分别是:

H_1 : X 与 Y 相关;

H_0 : X 与 Y 不相关。

为了便于分析两个变量之间的关系,一般都采用相对频数百分比的形式列出交互分类表,从中可以清楚地看出各变量的分布情况。x^2 检验的原理和所用公式的证明都比较复杂,这里只对 x^2 检验的计算公式和计算步骤进行说明。x^2 检验的计算公式是:

$$x^2 = \sum \frac{(f_a - f_e)^2}{f_e},自由度\ df = (r-1)(c-1)$$

式中,f_a:表示交互分类表中每一个实际观测次数;

f_e:表示交互分类表中 f_i 对应的期望次数;

r:表示交互分类表的行数;

c:表示交互分类表的列数。

x^2 检验需要借助交互分类表(列联表)进行计算。我们可以先将交互分类表抽象为条件次数表,如表 7-3 所示。在这里 f_{aij} 表示每一格中的观测次数,A 和 B 分别表示 X 与 Y 变量的边缘次数,n 是样本的大小。

表 7-3　变量频数示意表

所谓期望次数(e),指的是在总体中两个变量没有关系(H_0 成立)的话,表 7-3 内每格所应有的次数。如果 X 与 Y 确实是不相关,则一个随机样本中所得的条件次数也应该显示 X 与 Y 是不相关的,也就是说正 f_{e11} 和 f_{e12} 所占的比例是相同的。如表 7-4 所示:不同性别青年对待化妆的态度。

表 7-4　性别与化妆态度(人)

化妆的态度	性别		合计
	男性	女性	
赞成	60	60	120
反对	40	40	80
合计	100	100	200

由于 f_{e11} 和 f_{e12} 所占的比例相同，所以：

$$\frac{f_{e11}}{A_1} 、 \frac{B_1}{n} = \frac{f_{e12}}{A_2}$$

$$\frac{f_{e21}}{A_1} = \frac{B_2}{n} = \frac{f_{e22}}{A_2}$$

可以推论出：

$$f_{e11} = \frac{B_1(A_1)}{n}, f_{e12} = \frac{B_1(A_2)}{n}, f_{e21} = \frac{B_2(A_1)}{n}, f_{e22} = \frac{B_2(A_2)}{n}$$

由此可见，交互分类表的期望次数（e），就是相应的两个边缘次数（B 与 A）的乘积除以样本的大小（n）。有了期望次数便可以求 x^2 值了。

例如，分析青年的性别（X）与化妆的态度（Y），调查资料如表 7-5 所示。样本的情况是否能说明总体的情况？通过计算发现，样本中的相关系数 $\lambda_{yx} = 0.235$（Lambda 相关测量法），那么，总体中两个变量是否也存在相关关系？由于两个变量都是定类变量，所以可用 x^2 检验。

表 7-5　性别与化妆态度（人）

化妆的态度	性别		合计
	男性	女性	
赞成	30	55	85
反对	40	35	105
合计	100	100	190

已知调查中的实际频数分别为：

$f_{11} = 30, f_{12} = 55, f_{21} = 70, f_{22} = 35, A_1 = 100, A_2 = 90,$
$B_1 = 85, B_2 = 105, n = 200,$

那么，相应的期望次数分别是：

$$f_{e11} = \frac{B_1(A_1)}{n} = \frac{85 \times 100}{200} = 42.5 \qquad f_{e12} = \frac{B_1(A_2)}{n} = \frac{85 \times 90}{200} =$$

38.25

$$f_{e21} = \frac{B_2(A_1)}{n} = \frac{105 \times 100}{200} 52.5 \qquad f_{e22} = \frac{B_2(A_2)}{n} = \frac{105 \times 90}{200} =$$

47.25

代入 x^2 检验公式,可得:

$$x^2 = \sum \frac{(f_a - f_e)^2}{f_e} = \frac{(30 - 42.5)^2}{42.5} + \frac{(55 - 38.25)^2}{52.5} + \frac{(70 - 52.5)^2}{52.5} + \frac{(35 - 47.25)^2}{47.25} = $$

20.02

在 x^2 检验的过程中,$(f_a - f_e)$ 可能是正,也可能是负,为了避免正负抵消,所以在计算的时候取其平方。除以 f_e 是为了使交互分类表中每一类别的差异不受样本大小的影响,使其标准化。总的来说,x^2 越大,H_0 正确的可能性越小。我们知道,如果 H_0 是对的,那么,表中的条件次数应该是期望次数(f_e),但表中的实际次数却是 f_a。因此,如果实际次数(f_a)和期望次数(f_e)相差越大,就表示 H_0 对的可能性越小,也就是在总体中 X 和 Y 越可能是相关的。如果 x^2 值等于 0,则说明 X 和 Y 是完全无关的。那么,x^2 到底多大才可以否定虚无假设呢?这取决于自由度和所决定的显著度。显著度一般都是规定好的,在显著性水平既定的情况下(如 $\alpha \leqslant 0.05$),x^2 的抽样分布就要取决于自由度的大小。x^2 分布的自由度 $df = (r-1)(c-1)$,取决于交互分类的行(r)和列(c),表示交互分类表中有几个格(也就是每一种类型)的期望次数是可以自由决定的。例如,2×2 表的自由度 $df = (2-1)(2-1)$:$(2-1)(2-1) = 1$,表示只有一个格(只有一种类型)是可以自由决定的,其他都受到限制。x^2 分布的形态,就取决于自由度的大小。

因此,x^2 检验的具体步骤如下(以表 7-5 为例):

第一,建立两个变量间有无关系的研究假设 H_1 和虚无假设 H_0:

H_1:性别与化妆态度有关系;

H_0:性别与化妆态度没有关系。

第二,根据已知数据计算出 x^2 值。然后,再根据自由度 df 和给出的显著性水平,即 α 值,查 x^2 分布表,得到一个临界值。例如,本例中的自由度 $df = (2-1)(2-1) = 1$;假设给出的显著性水平 $\alpha = 0.05$,由 x^2 分布表可查得临界值为 3.841。

第三,将计算出来的 x^2 值与临界值进行比较,作出判断。如果 x^2 大于或等于临界值,则称差异显著,即拒绝两个变量独立的假设,也就是拒绝 H_0,承认两个变量之间有关系,接受研究假设 H_1;如果 x^2 值小于临界值,则称差异不显著,即接受两个变量独立的假设,也就是接受 H_0,承认两个变量之间没有关系,而拒绝研究假设 H_1。在本例中,由于 $x^2 = 22.99 > 3.841$,所以我们可以否定性别和化妆态度没有关系的假设,接受研究假设 H_1。我们可以说在 0.05 的显著性水平下,性别和化妆态度在总体中可能是相关的。还可以说,在 0.05 的显著性水平下,不同性别的青年对待化妆的态度在总体中可能也是不同的,是存在差异的。

因此,对于交互分类表来说,x^2 检验有两种作用:一是对两个变量的相关关系是否存在进行审查,又称为独立性检验(即两个变量是相互独立,还是彼此相关)。二是对样本资料之间的差异进行显著性检验,也就是核查交互分类表出现的分布差异究竟是反映了总体的实际情况,还是由于随机抽样误差造成的。

需要指出的是,x^2 检验也有弱点。这主要是因为 x^2 值的大小不仅与数据的分布有关,还与样本的规模有关。当样本足够大时,一些很小的分布差异也可以很容易通过 x^2 检验达到需要的显著性水平。

四、双变量的回归分析

相关分析的目的在于了解两个变量之间的关系强度,它并不涉及两变量之间有无因果关系。回归分析是在确定两变量之间存在相关关系之后,根据研究的目的,把两个变量之间的变动关系,加以模型化,即建立回归方程,来近似地表达变量间的平均变化关系,以便依据回归方程对未知情况进行估计和预测。可见,回归分析比相关分析更进一步,起的作用更大。

回归分析的中心问题是建立回归方程,而建立回归方程的基础是最小二乘法。根据社会调查的目的要求,这里结合表 7-6 的调查资料介绍一元线性回归方程的建立过程与方法。

表 7-6　某次调查得到 10 名女青年受教育年限与理想子女数目的资料

女青年	教育年限(X)	理想子女数(Y)	XY	X^2	Y^2
A	2	5	10	4	25
B	3	4	12	9	16
C	5	4	20	25	16
D	6	3	18	36	9
E	7	2	14	49	4
F	8	2	16	64	4
G	9	1	9	81	1
H	10	1	10	100	1
I	12	1	12	144	1
J	16	0	0	256	0
合计 $\sum$	78	23	121	768	77

首先,必须依据理论分析来确定自变量与因变量。在本例中,我们确定受教育年限为自变量(X),理想子女数为因变量(Y)。

其次,要以自变量为 X 轴,以因变量为 Y 轴,根据资料作散点图 7-2,以判断 X、Y 两变量之间是否存在线性相关。从散点图 7-2 可以看出,两变量之间存在线性相关关系。

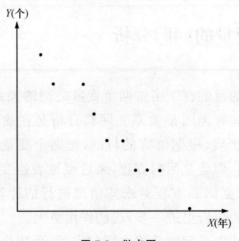

图 7-2　散点图

在图 7-2 中,我们可以作出许多条直线,但每条直线都不会正好与所有点相连,因而都存在着误差。回归计算的目的就是要找到一条最佳的直线,使它与各点的误差之和最小。这条最佳回归线可以运用数学上最小二乘法计算得到,其标准方程为:

$$Y = a + bX$$

在上述回归方程中,a 是回归直线在 Y 轴上的截距,b 是回归直线的斜率,称为回归系数。a 和 b 确定了,回归直线也就确定了。估计这些系数可有不同方法,使用最多的是最小平方法。用这个方法求出的回归线就是原始资料的最适线(最优拟合线)。其标准方程是:

$$\sum Y = na + b\sum X$$

$$\sum XY = a\sum X + b\sum X^2$$

由方程组可以解出:

$$b = \frac{n\sum XY - (\sum X)(\sum Y)}{n\sum X^2 - (\sum X)^2} \quad 或 \quad b = \frac{\sum (X - \overline{X})(Y - \overline{Y})}{\sum (X - \overline{X})^2}$$

$$a = \frac{\sum Y - b\sum X}{n} \quad 或 \quad a = \overline{Y} - b\overline{X}$$

现在我们将表 7-6 中的数据代入方程式:

$$b = \frac{n\sum XY - (\sum X)(\sum Y)}{n\sum X^2 - (\sum X)^2} = \frac{10 \times 121 - 78 \times 23}{10 \times 768 - 78^2} = -0.37$$

$$a = \frac{\sum Y - b\sum X}{n} = \frac{23 - (-0.37) \times 78}{10} = 5.18$$

由 a、b 的数值可以写出回归方程式为:

$$Y = 5.18 - 0.37X$$

根据这个回归方程式可以对受教育年限不同的女青年的理想子女数进行预测:X 每增加 1 年,Y 相应地少 0.37 人。

如果 $X = 3$,则 $Y = 4.1$

如果 $X = 5$,则 $Y = 3.33$

如果 $X = 12$,则 $Y = 0.74$

显然,预测值与实际值有一定的误差,毕竟影响生育意愿的原因不仅是文化程度这一项,还有许多其他因素也在起作用。只不过这些因素的影响在这个方程式中都被省略了,所以必然出现误差。但从理论上说,以这个方程式来进行预测,可以使误差降到最小。

第八章　调查报告的撰写研究

对于一个社会调查项目而言,撰写调查报告作为社会调查的最后也是最重要的一个环节,是整个研究成果的集中体现,调查报告的好坏,会对社会调查工作的成果产生直接影响,因此,必须高度重视社会调查报告的撰写。

第一节　调查报告的类型、特点与结构

调查报告是以社会生活中的某一种情况、某一个事件、某一个问题为对象,经过细致的调查研究后,将调查研究的情况真实地展现出来,在反映现实、揭露问题、揭示事物的发展规律的同时,向人们提供经验教训和改进办法,为有关部门提供决策依据,为科学研究和教学部门提供研究资料和社会信息的书面报告。因此,了解调查报告的类型、特点、结构对于我们学会撰写调查报告是十分重要的。

一、调查报告的类型

根据不同的标准,可以将调查报告划分为不同的类型。调查报告的分类标准及其类型主要有以下几种。

（一）以撰写调查报告的目的为划分标准

根据撰写调查报告的目的，可将调查报告分为应用性调查报告和学术性调查报告两类，这两类调查报告在形式、内容、读者对象和撰写要求等各个方面都有较大差异。

1. 应用性调查报告

应用性调查报告一般以提供政策决策参考和解决实际社会问题为主要目的，以政府决策部门领导、各类实际工作部门的工作者为对象，往往面向政府部门和普通群众，主要侧重于向其阐明社会现实情况、提出问题及其成因并作出相关对策分析。除此之外，各种媒体、党政机关和企业的调研咨询部门、高校和各类社会组织常常会进行各种应用性社会调查研究。

由于应用性调查报告对各级政府决策部门了解社会情况、分析社会问题和制定社会政策有着重要的参考借鉴作用，对社会舆论的形成和引导也具有较大影响，因此，它具有实效性、通俗性等特点。

同时，应用性调查报告在撰写的格式和要求上也与学术性调查报告有所不同。应用性调查报告只强调应用，对调查结果的描述、说明和应用十分重视，而对理论假设、研究过程和研究方法则相对不太看重。此外，应用性调查报告对规范性要求较为宽松，没有相对固定的格式，语言也力求通俗易懂。

2. 学术性调查报告

学术性调查研究报告则以建构或检验理论为目的，主要面向专业研究人员，侧重对社会现象的理论探讨，即分析各种社会现象之间的相关关系甚至因果关系，并提出具备一定说服力的结论。因此，它具有较强的理论性和专业性。

此外，学术性调查报告常常发表在专业杂志、学术会议或专著上,因而报告必须具备固定的格式、严谨的结构和客观严密的写作语言,对研究设计、理论基础以及研究的方法过程都要求有必要的说明和阐释。同时,它在资料分析部分相对广泛,但是在对研究结果的讨论或探讨方面则相对谨慎。

(二)以调查报告的性质和功能为划分标准

根据调查报告的性质和功能的不同,可将调查报告划分为描述性调查报告和解释性调查报告,这两类调查报告也有较大的不同。

1.描述性调查报告

描述性调查报告以通过对研究资料和结果的详细描述,向读者展现现象的基本状况、主要特征为目标,侧重的是对所研究的现象进行系统、全面和客观的描述,并在此基础上提出一些基本的描述性结论,因而它不需要引入与调查研究无关的理论分析来进行某些深层次原因和规律的探讨和议论,也无需提出针对相关问题的对策。

总体上来说,描述性调查报告对所研究的现象的描述可以是定量的,也可以是定性的,它主要要求报告的客观性、准确性、全面性,因而其特点是描述性和概括,其主要任务是对所调查主题、研究对象和研究领域进行全面、系统、综合的描述。

基于以上特点,描述性调查报告在撰写过程中需要占有大量的资料、注重细节,也因为如此,这类调查报告的篇幅一般较长、内容较为详细和广泛,并尽可能要求做到面面俱到。同时,为了保证报告的全面与准确,撰写时还必须注意描述语句的清晰性和全面性,让人在看完报告之后能对调查对象、调查主题和调查结果形成整体认识。

2.解释性调查报告

解释性调查报告一般以解释和说明某类现象产生的原因、或说明不同现象之间的关系为主要目的。因而,解释性调查报告中虽然也有一些对现象的描述,但这种描述不像描述性报告那样严谨、那样详细。此外,解释性调查报告中的描述也仅仅只是为了解释和说明现象产生的原因及关系,并非像描述性报告那样全面地向读者展现现象的基本状况、主要特征。也就是说,如果一项社会调查的选题是为了弄清现状、找出原因,则其最终的调查报告形式就是解释性报告。

可见,解释性调查报告强调报告内容的集中与深入,力图在有限的资料的基础上做出突破,挖掘出更加深入的东西,以便让人在看完报告后认为解释合理、说明深刻而有效。

(三)以调查报告的主题范围为划分标准

根据主题范围和内容的不同,可以将调查报告划分为综合性调查报告和专题性调查报告,这两类调查报告有较大的不同。

1. 综合性调查报告

综合性调查报告多用于反映某一总体各方面的情况,或某一现象各方面的内容。它往往通过对大量调查资料的整理和统计分析,将某一社会现象、社会问题或研究者所关注的研究对象的基本状况全面系统地反映出来。

综合性调查报告涉及的内容、问题十分广泛,因而研究者常常会用较大篇幅来对相关的调查数据进行分析、统计与说明,以便将与研究主题相关的内容全面呈现出来。也因为专业,综合性调查报告的篇幅往往较长,并且往往是描述性报告。

2. 专题性调查报告

专题性调查报告多用于针对某一专门问题或某一特定现象所进行的分析和研究。当一项社会调查主要涉及研究对象的某一方面的情况时,往往采用专题性报告的形式。

专题性调查报告相对于综合性调查报告而言,在主题上相对单一和集中,在内容和目的上则力求通过对某个单一的具体现象的分析达成描述和解释的功能。

此外,由于专题性调查报告大多是解释性调查报告,因此,主题鲜明、内容突出、问题集中、资料分析和挖掘比较深入,且有较强的针对性和时效性,其篇幅一般也较为简短。

(四)以调查报告所采用的分析方法为划分标准

根据采用的资料分析方式和论证方法的不同,调查报告可以分为定性和定量两种类型,这两类调查报告有较大的不同。

1.定性调查报告

定性调查报告通常是在对文字资料进行描述和对资料进行定性分析的基础上作出结论。在结构上,它既没有严格的规范,也无十分固定的格式。在内容上,定性调查报告主要是围绕文字资料进行描述和经验分析,在论证层面更侧重理论阐述和逻辑推理,主观色彩较为浓厚。

2.定量调查报告

定量调查报告主要以对数据材料的统计分析结果及其讨论为主要内容,数量化、表格化、逻辑性强是其表达结果的主要特征。同时,定量调查报告在结构上往往具有较强的规范性和相对固定的格式,在写作内容上主要围绕量化资料进行统计描述和推论,在论证层面则以对数据间的数理统计分析为依托。

二、调查报告的特点

具体而言,调查报告具有如下特点。

（一）真实性

作为对某一现实、情况分析与研究的结果呈现，调查报告首先必须真实。这里的真实指的是调查报告尊重客观事实、忠于客观现实，不带研究者主观情趣，求实求实、客观地反映事实。同时研究者不能对客观事实进行随意的引申，或者不切实际的渲染。

调查报告的真实性要求研究者必须做到以下几点。

（1）在撰写调查报告时必须坚持科学严谨的态度，以实事求是的精神，真实地将所调查的结果全面、客观、详细地表述出来。

（2）要彻底抛弃"假大空"的虚伪作风，不仅报喜，还要报忧，不仅要肯定所取得的成绩，也要反映存在的问题。

（3）调查报告中所涉及的人物、事件要真实，事件发生的时间、地点、背景、过程、原因也必须真实。

（二）针对性

一般而言，一项调查研究工作，尤其是大型的调查研究，要花费较大的时间、经费和人力，不是随意组织进行的，而是需要针对某些情况进行有针对性的研究。而其研究结果反映在调查报告中，自然也就带有十分明显的针对性。

调查报告的针对性要求研究者在撰写报告时，必须突出中心，明确提出所针对的问题，明确交代这一问题所获得的事实材料，分析出问题的症结所在，提出具体可行的建议和对策。

（三）实效性

从其来源上看，调查报告来源于研究者对大量调查数据的分析、总结、归纳，其产生的目的在于在反映现实、揭露问题、揭示事物的发展规律的同时，向人们提供经验教训和改进办法，从而促使调查报告带有强烈的实效性。

调查报告的实效性要求研究者所撰写的调查报告必须是有用的。

(四)系统性

调查报告的系统性是指报告中所得出结论必须具有说服力，必须能够将调查的情况如实的、完整的、系统的交代清楚，而不能疏漏了某一个必需的环节或事实。这是因为这样的疏忽势必会造成不严密、根据不足以及不足以令人信服的印象。

当然，这里所说的系统性也并不是说调查报告在写作过程中必须事无巨细、面面俱到，而是要将事物的本质与主要方面交代清楚，要写出结论的整个推理过程，以便体现调查报告的真实性、客观性等。

调查报告的系统性要求研究者在撰写报告时不仅要详细叙述调查的过程与结论推理的过程，而且要有对所调查的现象和问题发表研究者的思考和见解。

三、调查报告的结构

虽然不同的调查报告在内容与写作方式上都各有特点，但其在结构上却是大致相同的。从总体上看，调查报告都是从所探讨的问题开始，到研究所得到的结论和意义结束，主要包括以下几个部分。

(一)标题部分

总体上来说，调查报告的标题部分包括三项内容：第一，标题；第二，摘要；第三，关键词。

1. 标题

对于调查报告来说,标题是表达作者观点、引起读者注意的关键因素之一。简明生动、准确恰当的标题不仅能够清楚地表明研究者调查行为的目的,也容易引起读者的兴趣。与之相反,繁琐和复杂晦涩的标题则会使读者不明所以,产生混乱甚至是反感的心理。就当前的实践情况而言,调查报告常见的标题有以下几种类型。

(1)陈述式标题。

所谓的陈述式标题就是在标题中直接陈述调查对象与调查内容,如"对我国成年人足球消费情况的调查""我国城市居民对政府政务公开的满意度调查"等。这种类型的标题简单明了、通俗易懂,读者一眼便能了解报告所呈现的主要是哪方面的内容,因而一般运用于学术性调查报告和应用性调查报告中。

(2)问题式标题。

所谓的问题式标题就是以一个问题作为标题,如"我们的个人所得税究竟流向了哪里?""脑体倒置现象缘何产生?"等。这种类型的标题以疑问的形式出现,很容易引起读者的好奇心和注意力,以便进一步调动读者阅读的欲望,因而一般运用于一些报刊和大众读物上的调查报告中,有时也用于应用性调查报告中,但由于相对不正规而较少出现在学术性调查报告中。

(3)结论式标题。

所谓的结论式标题就是用某种结论式的语言做标题,如"大学毕业生综合素质低是导致就业难的重要因素""资金短缺是我国当前社会保障面临的巨大挑战"等。这类标题能够在标题中直接表明研究的结论,针对性较强,且十分醒目,因而一般运用于学术性调查报告中。但由于其理论色彩较浓,难以引起读者的兴趣,所以较少出现在应用性调查报告中。

(4)双标题式标题。

所谓的双标题式标题就是由主标题和副标题共同构成调查

报告的标题,如"特殊消费正在成为一种潮流——基于我国六省市居民的调查""中国'空巢'老人养老问题凸显——以北京市×××名老年人的调查为例"等。这类标题兼有以上三种标题的优点,因而无论是什么类型的调查报告都可采用这种形式的标题。

2. 摘要

作为一篇调查报告的缩影,摘要在撰写时必须尽量简明扼要,使读者可以从中简要了解报告研究了什么、得出了什么结论,应注意避免出现图表、冗长的数学公式。而在原则上,摘要要概括整个研究报告的内容,但是它通常不能超过 300 字,这决定了我们不可能将调查报告的各个方面的情况都写进摘要里,因此,我们需要仔细考虑、作出选择,从而决定突出哪些内容、略去哪些内容。例如,龙书芹在《"自主选择"还是"身不由己"——对南京企业界员工职业流动的事件史分析》一文的摘要部分这样写道:

> 本文以 666 份对南京企业界员工的调查为基础,运用事件史分析方法分析了在社会转型过程中企业界员工的职业流动问题,揭示了影响其职业流动的主要因素,以及他们在以单位所有制性质为区分的劳动力市场格局中的流动趋向。研究结果表明,社会转型所带来的机会结构的转变是企业界员工职业流动的主要推动力量,……因此,中国社会转型中的企业界员工的职业流动是由社会结构所决定的非常有限的自主选择,换言之,这是一种身不由己的自由选择。[①]

3. 关键词

摘要下方应标注关键词,以"关键词:"开头,调查研究报告的关键词主要是报告中的核心概念,可根据实际情况选取 3～5 个,多个关键词之间应用分号或空格分隔。例如,"关键词:人口素

---

① 龙书芹:《"自主选择"还是"身不由己"——对南京企业界员工职业流动的事件史分析》,社会,2009 年第 6 期。

质;熵权;回归模型"。

(二)导言部分

导言部分是调查报告的重要内容,也被称为调查研究报告的绪论部分,主要说明研究的基本概况。它主要包括三部分内容:第一,研究的问题及其背景;第二,文献述评;第三,对自己的研究的介绍。

1. 研究的问题及其背景

介绍研究的问题及其背景是调查报告首先必须解决的问题,只有先解决了这一步才能展开后续的研究步骤。在这一部分内容中,研究者应开门见山地提出我们所研究的问题是什么,并把这一问题放到一个宏观的背景下,以此去反映我们为什么要选择这一问题作研究,即让读者明白研究有什么重要性和必要性。例如,周怡在《贫困研究:结构解释与文化解释的对垒》的导言部分这样写道:

> 阅读现实时,我们看到今天的中国,社会转型已经掀起了一轮新阶级的涌动:人们热衷讨论的"新中产阶级"、"新管理精英"诞生了人们始料未及的城乡新贫困群体——城市农民工、下岗工人和那些因制度变迁而越发贫困的乡村贫穷人口——也作为新阶级相继出现。然而目前有关贫困的社会学解释相当贫乏,……尤其是结构解释和文化解释的对垒,已经将原本尚属政府行为的政策学贫困研究纳入了理论轨道。走进理论,我们才有入世(入贫穷世界)的感觉,梳理、归纳和评价这些理论,并将它们借鉴到转型中国的发展实践,这是这篇文章选题的初衷和目的。①

---

① 周怡:《贫困研究:结构解释与文化解释的对垒》,社会学研究,2002 年第 3 期。

2. 文献述评

可以说文献述评是调查研究成果产生的重要基础,因此在陈述了研究的问题及其背景之后,下一步的工作就是对这一问题领域中现有的研究及其成果进行综述与评析,并通过这些文献评述进一步阐述研究问题的出发点。

就某种层面而言,文献的质量能够对一个调查报告的质量或学术水平产生直接影响,它也是读者判断该研究报告质量的直接依据,因此研究者应搜集并了解研究领域内的最新研究成果、资料等,以便掌握相关领域的理论与方法,为自己的研究奠定良好的基础。

就其内容而言,文献评述一般包括以下四部分的内容:第一,研究问题领域是否已有相关理论,如果有,是什么样的理论;第二,研究问题领域中前人做了哪些研究;第三,相关问题领域研究者采用了什么样的研究方法,取得了哪些有价值的结果;第四,相关问题领域已有研究的不足。例如,许琳、张艳妮在《我国残疾人社会保障的现状与问题研究》中这样写文献综述:

> 关于残疾人社会保障公正问题的关注和我国社会保障制度改革的不断深化,专家学者也从多个角度多层面对残疾人社会保障问题进行了探讨。其研究可以分为这样两类:一类是把残疾人社会保障作为一个整体对其进行理论分析。其中,有的是……也有通过借鉴国外经验分析残疾人社会保障的三种基本理论模式,即……还有的学者以……;另一类是侧重对残疾人社会保障的某一项目或某一方面进行分析研究,如……;针对我国二元社会经济特征,还有学者针对我国农村残疾人社会保障问题作了专项调查和研究。①

---

① 许琳,张艳妮:《我国残疾人社会保障的现状与问题研究》,西北大学学报,2007 年第 11 期。

3. 对自己的研究的介绍

在文献述评之后,研究者需要简要介绍自己的调查研究,其重点在于说明通过研究想达到什么样的目的,以及本研究的创新之处和研究的意义等。

(三)主体部分

主体是调查报告的核心与重点,它主要包括以下几方面的内容:第一,研究设计;第二,讨论;第三,结论。

1. 研究设计

研究设计是调查报告非常重要的部分,在这一部分中,要介绍研究的思路、理论基础和实证分析框架等研究的总体设计情况,主要包括研究框架设计、研究方法设计两大部分内容,而在这两大部分内容下,又包含着许多小的内容。

(1)研究框架设计。

所谓的研究框架就是一项调查研究的理论框架,也是一项调查研究的理论基础。而对研究框架进行设计就是指对研究的理论基础的设计,以及在此基础上建立的研究假设、研究假设中主要概念的界定和探讨、对主要概念的操作化(即如何将抽象的理论概念变成可操作、可测量的比较具体的指标和变量)、主要变量的具体测量方法和指标的设计(这些变量的操作定义是什么,又是通过哪些具体的指标来测量的)等。

(2)研究方法设计。

调查报告的研究方法设计需要研究者对资料的搜集方式、调查样本的构成、抽样调查的方式、资料搜集的过程、资料的分析方法等进行设计。

1)设计资料的搜集方式。

在资料收集方式设计这部分内容中,研究者需要设计好资料搜集的方式,确定选择何种搜集方式。常见的资料搜集方式有自填问卷调查、面对面访问调查、电话访问调查等。

2)设计调查样本的构成。

在社会调查报告中,样本的构成对调查结果的准确性会起到很大的作用,因此研究者必须要从特定群体中抽取样本,以便获得有关社会现象或社会问题的资料。为了做到这一点,研究者必须对研究的总体进行说明,即说明调查对象是由哪些人构成的总体。假如样本总体不明确的话,就很难确定样本的性质,也无法确定样本统计值所能推断的范围。而对调查对象的总体进行界定,主要是说明调查对象的年龄、所属群体等基本特征。

3)设计抽样调查方式。

在确定样本的总体构成后,就必须对抽样方式予以说明,选择恰当的抽样方式。常见的抽样方式有简单随机抽样、定距抽样、整群抽样等。例如,抽取某省所辖的所有城市地区的老年人养老保健情况,就可采用简单随机的方式,先随意抽取抽取5个市,然后再在5个城市中随意抽取几个城区,再在抽取的城市中抽取几个街道,在抽取的街道中再抽取几个居委会,以此方式调查这几个街道中老年人的养老保健情况。

4)设计资料搜集过程。

资料搜集在社会调查报告中是非常重要的一环,研究者在撰写报告时必须将资料搜集的过程,如调查的具体时间、地点,调查工作的组织,调查工具的准备,调查员的培训,调查质量的控制等予以详细说明。

5)设计资料分析方法。

由于调查方式和资料收集方法等方面的不同,使得不同的调查报告在资料分析方法上也有所不同。因此有必要设计好资料的分析方法,确定是以定性分析为主,还是以定量分析为主。

在设计资料分析方法时,研究者需要说明以下几方面的内容。

第一,说明被试具有如何特征,是怎样被确定的。

第二,说明样本从何而来,怎样进行抽样的。

第三,说明研究的主要变量,以及对这些变量进行评分的指标、赋值的程序和方法。

第四,说明调查过程中所用的材料和应用的工具。

第五,说明采用何种分析方法对调查所收集的数据进行分析。

2. 讨论

在篇幅较长和内容较为复杂的调查报告中,讨论部分通常作为一个单独的部分呈现,其分工、内容与结果部分是不同的。结果部分主要是简要概括调查研究的成果,而讨论部分则是针对结果部分的再总结以及对研究的总体过程和状况进行说明和反思,或者进一步提出需要深化的地方。

一般情况下,凡是与课题有关的内容都可以进行讨论,从不同层面、不同角度展开。从社会调查报告的撰写实践来看,讨论的主题主要涉及以下几方面。

第一,对调查结果的解释。

第二,对调查结果作出的分析与讨论。

第三,调查中存在的不足及尚待解决的问题。

第四,可进一步推广的内容。

3. 结论

结论就是通过对调查所得的实证资料进行统计分析,或者对研究假设进行验证,或者对某个现象和某个问题进行描述所得出的最终的研究论点。

在结论部分,因为需要容纳较多的内容,而这些内容大部分是以数据、资料和图表的形式出现的,稍有不慎,会形成数据和图表无序堆砌的状况。而造成这种现象的原因主要有以下几个。

第一,面对大量的数据、图表、统计结果不知道如何取舍,从而仅仅将其罗列在报告中,并没有体现出主次、重点。

第二,认为数据、图表、统计结果越多越能够体现调查的科学性、增加其说服力,因而在报告中罗列了非常多的数据、图表、统计结果,造成报告混乱无序。

第三,对数据、图表、统计结果的分析流于表面,在结论中只是将调查结果简单地复述了一遍,并未挖掘出这些数据所代表的意义和内涵,根本无法达到文字说明的效果。

可见,研究者在撰写结论时要学会从繁多的材料和数据中抓取最能说明结论的证据,在分析、加工和提炼统计数据上多下功夫、多动脑筋,也要注意仔细分析、研究数据、图表、统计结果所代表的含义与意义,以便挖掘出这些数据背后的东西。

就实践情况而言,调查报告的主体结构主要有横向结构、纵向结构、纵横交错结构三种。

所谓的横向结构就是依照调查的内容及其逻辑层次来设计主体的内容结构,以突出某一社会现象在诸多层面的内容,通过对这些不同层面内容的叙述达成对报告主题的说明。例如,一项针对当前大学生就业状况的调查报告,可将其主体分为以下几个部分:第一,就业的地域分布;第二,就业的城市级别分布;第三,职业进入的途径;第四,薪酬水平;第五,职位;等等。

所谓的纵向结构就是按照时间的先后顺序安排调查报告的主题内容,以突出某　现象的发展过程或者反映现象在不同时期的　。例如,一项反映新中国成立以来社会流动状况的调查报告就可将其主体分为以下两个部分:第一,改革开放前的我国社会流动状况;第二,改革开放后的我国社会流动状况。

所谓的纵横交错结构就是将上述两种方式进行有机结合的一种结构,但以其中的一种方式为主,通常用于规模较大的调查。例如,"自新中国成立以来我国社会流动变化状况研究"的主体就可先纵向对比,然后在横向从不同维度对当前该现象各个方面加以叙述和议论。

(四)结尾部分

结尾部分是整个调查报告的结束部分,其中心内容是小结调查的过程和主要结果,陈述调查研究的结论。此外,有的调查报告在结尾部分还可以将整个调查分析的结果进行结论性总结,通过精炼和准确的表述,分类或分层次列出调查研究的主要结果,或可以在此基础上阐明所调查的现象产生或形成的原因、具有的影响,并提出解决的办法或建议等。例如,汪金敖的《失地农民社会保障及其对策》一文在结尾部分这样写道:

> 当前,失地农民成为城镇劳动力的重要补充和城乡企业职工队伍的重要组成部分。因此,……用人单位必须按规定给农民工办理社会保险,按时缴纳社会保险费,不得降低缴费门槛,损害失地农民的合法利益;用人单位必须按时支付农民工的工资,……加大对非法职业介绍机构的打击力度。对从事坑蒙拐骗的非法职业介绍机构要坚决取缔和严厉打击,规范劳动力市场秩序。[①]

(五)参考文献和附录部分

参考文献和附录一般列在报告的末尾处。其中参考文献主要是列出在这项调查研究过程中所阅读、评论、引证过的文献。这样做,一方面,体现了科学的、实事求是的研究态度;另一方面,也为同一域的研究者提供了一个参考的文献索引。

附录则是将部分可以帮助读者更好地了解研究细节的资料编排在一起,作为正文的补充。通常情况下,可列入附录的资料主要有以下几类。

第一,收集数据资料所使用的调查表、问卷、心理测验量

---

① 汪金敖:《失地农民社会保障及其对策》,湖南社会科学,2007 年第 1 期。

表等。

第二,某些统计和测量指标的计算方法介绍。

第三,某些指标或数据的数学公式介绍。

第四,某些调查工具、测量仪器以及计算机软件介绍。

第二节　调查报告撰写的一般步骤

写调查报告是一种十分艰苦的脑力劳动,必须按逻辑顺序动笔,按步骤进行,不论写哪一种类型的调查报告,都应该按照以下几个步骤进行。

一、确立主题

确定主题是撰写调查报告的第一步,抓不住主题,调查报告便会前功尽弃。可以说主题是调查报告的灵魂、旗帜、生命,只有确定好主题,调查报告才能在此基础上确立起来。

通常情况下,调查研究的主题直接决定了调查报告的主题。一方面,调查报告体现的中心问题是整个调查研究的中心问题,如一项关于大学生择业观的社会调查,其调查报告的主题自然就是大学生的择业观,根据这个主题,报告的内容可以包括大学生择业观的状况、特征、问题及影响因素等。另一方面,在部分综合性调查中,在一项调查难以将调查内容全部包含的情况下,研究者也可以在所调查的范围中,从中抽取某些方面的主题撰写报告,如一项关于我国国民精神的综合性调查报告就可抽取其中的一类人作为调查对象,调查其某个国民精神维度,如集体主义意识的状况。

可见,调查报告的主题就是报告所要表达的中心问题,主题选得好,报告的生命力就强。既然这么重要,就应在选主题上下苦功夫,选不到理想的主题决不走第二步。选定报告的主题不应该东一榔头西一棒槌,而应该紧紧围绕调查所得的资料,仔细分析、思考,找出带有规律性的东西,得出正确的结论,确立报告的主题。

需要注意的是,有时候受某些因素的影响,调查所能收集到的资料与最初的研究设计中所设定的目标之间存在一定的差距,导致收集的资料无法说明预先确定的调查主题。面对这种情况,研究者就需要根据实际情况和所得的资料重新选择报告的主题。例如,研究者本来期望调查灾后外部心理干预对受灾群众的心理康复影响问题,然而通过实际发现,调查地区并无外部心理干预的介入,灾区群众的心理恢复大都通过自我调节,面对这种情况,研究者就可以根据调查结果将调查研究报告的主题确定为灾区居民的自我心理调节。

二、拟定提纲

主题确定后,不可马上动笔撰写调查报告,而应先拟定提纲,构思好调查报告的整体框架。就如同盖房子,确立了房子用途(如教学楼)之后,就必须对其框架构成进行设计并据此搭建,而调查报告的提纲就如同房子的骨架。可见,拟定写作提纲的主要目的是理清思路,明确调查报告的内容,安排好调查报告的总体结构,为撰写报告打下基础。

拟定写作提纲的方法是对调查报告的主题进行分解,并将分解后的每一部分进一步具体化。例如,一份调查企业界员工的职业生涯发展问题的报告,可将这份综合性调查报告的主题扩展为"企业界员工的职业进入""企业界员工的职业流动""企业界员工的职业成功""企业界员工的职业流动意愿"四个部分,通过对这四部分的研究来体现企业界员工的职业生涯发展问题。在确定主题后,研究者在撰写报告的提纲时,就可将其进一步细化为:企业界员工的职业流动的次数;企业界员工的职业流动的密度;企业界员工的职业流动的形式;企业界员工的个体的性别、文化程度、职业经历、职业现状等与职业流动的关系等。

三、选择材料

如同前文所述,调查报告的主题与社会调查的主题可能存在不一致、不统一的情况,因此,一项调查所搜集的资料与调查报告所用的材料也不一定完全相同,这是因为调查资料虽然是围绕调查主题而收集的,但不一定都和调查报告的主题有紧密关系。因此,在撰写调查报告时就必须对所搜集的材料进行选择,以便选择出适合报告主题、能够体现报告特色的材料,这也是撰写调查报告必须注重的一个方面。

一般情况下,调查报告所用到的材料包括以下两方面的内容。

第一,从调查中所取得的的各种数据、表格、事例等客观材料。

第二,在调查资料基础上通过分析、综合、概括所形成的观点、认识、建议等主观材料。

这两种材料相互联系、相互依赖,共同构成填充调查报告"骨架"的"血肉"。

此外,在选择材料时,研究者必须选择与调查报告的主题及提纲中所拟定的内容相关的材料,以便保证所选的材料与调查报告的主题密切相关。同时,所选择的材料还必须符合全面、典型、精练的特点,以便能够一方面使所用的材料有最大的代表性和说服力,另一方面又能最大限度地剔除不必要的材料。

四、确定格式

所谓的确定格式就是确定调查报告撰写时主体部分采用什么样的格式,确定调查报告的主体部分采用的是数字和小标题并用,还是只用小标题。若用小标题,则用什么小标题,若不用小标题,则采用何种形式处理等。

五、撰写调查报告

当完成确立主题、拟定提纲、选择资料和确定格式的步骤后,研究者就已经得到了一个结构清楚、材料齐全的调查报告雏形,下一步的工作就是用恰当的文字将它们有序地组织起来,也就是开始撰写调查报告。

为了将材料组织成一个主题突出、层次清晰、逻辑严密、详略得当的调查报告,在撰写过程中最好是紧扣主题、一气呵成,而不要经常地在一些小的环节上停下来推敲修改,以免耽误过多时间。这样做一方面可以使调查报告紧紧围绕所确立的主题来展开,使得调查报告在整体思想、体系结构、内容形式、行文风格等方面都前后一致,浑然一体。另一方面也可以保障写作的连贯性,不至于在写作过程中由于反复推敲而不断变更思路和写作内容以致总是无法完成报告的撰写,当然,这也要建立在事前明确的主题和成熟的思路框架构建的基础上。

如果是一个大型的调查报告,则还需进行分工协作。因此还需要补充以下步骤。

(一)搞好分工

搞好分工就是根据参加调查的人数、素质、报告的格式等将报告拆分成若干部分,将每个部分分给若干人或者某组。在拆分调查报告时必须注意以下两方面的问题。

第一,坚持能者多劳的原则。动员和鼓励写作能力强的人或小组多承担任务。

第二,在分配报告时,搞好事例、观点、叙述方式的分工与统一,避免全篇报告格式不统一,或出现前后内容重复、前后观点颠倒等问题。

可见,将调查报告拆分是一步很细致的工作,要舍得花时间和精力。主持起草报告的人,如果在这一步上图省劲,统起稿来就会很费劲。

(二)分头起草

一般情况下,调查报告的撰写实践并不像领导的讲话稿那样时间急促,因此研究者的时间较为充分,也比较自主,可以采取分头起草的办法。分头起草是非常关键的一步,假如这一步做不好,那么其他的步骤就无从谈起。因此,参加起草的每一个研究者,在这个时候,都要以一种主人翁的责任感,以一种对工作极端负责的精神,全心投入研究过程中,以便完成好自己所负担的任务。换句话说,在分头起草的过程中,研究者要充分发挥个人的聪明才智,要对调查报告抱有强烈的责任心,必须将报告起草到满意为止。此外,分头写作的质量高低,是对研究者业务素质最实际的检验,也是最实际的学习和锻炼,每个研究者应该自觉地严格要求自己,在实践中考验自己,提高自己。

(三)集体汇审

在分头起草完成后,主持调查报告的人就可以将大家集中起来,对所完成的报告进行集体汇审。通常情况下,汇审的程序如下所示。

（1）按照报告格式前后的排列顺序，由主笔人先念一遍，使参加起草的每一个研究者，对调查报告草稿全文有一个整体概念。

（2）按照报告的先后顺序，主笔人先念一部分，然后由大家集中评审。

在此期间，必须注意以下几方面的内容。

（1）对分头起草的第一部分要特别注意，看其是否反映了事物的本质，是否有新意，是否偏离了主题，是否生动感人，是否前后重复。

（2）每看一句话，每一个部分，每一个问题，每一个段落都要看是否达到了理想的要求。

（3）按照报告的总体要求，分析哪一部分可以交稿，哪一部分还需要修改，修改什么，怎么修改，群策群力，发表具体的意见和建议。

（4）假如起草的报告没有特别大的问题，需要修改的地方或问题只有一两个，则一般不需要进行第二次集体汇审。

（5）假如起草的报告需要重新做较大的返工，那么就需要安排第二次或第三次集体汇审。

（四）集中通稿

集中通稿是在大家分头起草，并进行了集体汇审的基础上，对报告进行的从头到尾的一次把关、定稿工作。其任务在于取消重复的、多余的内容，调整不科学的顺序，纠正片面性，深化基本思想，润色各段文字。

在集中通稿的过程中，由于时间紧张，要求严格，或者不同分工这对于报告的研究素质存在不同的差异，所以主持人应尽早主持集中通稿工作，以便能够按照既定的格式和汇审的情况，尽快完成通稿工作。集中通稿便于统观全局，前后照应，一气呵成。

总之，调查报告的撰写应先确定主题，然后围绕主题，依据既定成熟的思路和框架拟定调查报告的提纲，根据所确定的主题和拟定的大纲选择恰当的材料，并确定格式，之后开始进行正式的撰写的工作。在撰写调查报告时，研究者要仔细研究分析资料，认真完善调查报告的各个细节，从而使整个调查研究报告不断丰富和完善。

第三节　调查报告撰写的注意事项研究

在撰写调查报告时，研究者需要注意以下事项。

一、调查报告的语言要平实

与新闻报道、文学作品等文体强调和注重文学性与可读性不同，调查报告强调的是平实。基于调查报告的这项特性，在撰写报告时，研究者首先应以平实的语言陈述调查研究的状况，而不应该以华而不实的辞藻、夸张的描述和繁琐的叙述来撰写调查报告。

二、调查报告的语言要准确

调查报告是陈述调查状况的报告，在撰写时，研究者一定要准确地反映调查的情况，这就要求报告的语言必须准确。而这里所谓的准确，就是要求研究者在阐明研究问题的基本状况或研究对象的基本特征时，能够恰如其分，避免使用"可能""大概""也许"等模棱两可的不确定性的语言。

三、调查报告的结论要有条理、有逻辑

在调查报告中，研究者可能需要对很多的调查表格、调查数据、统计结果进行分析，而在分析的过程中，假如不能做到有条有

理,有逻辑的话,就很难下手。因此,在撰写调查报告时,研究者应秉持条理性和逻辑性,依次分析内容的层次结构,这样不仅能进行简要的结论总结,而且还有助于进一步进行合理的和有依据的讨论。

值得注意的是,在撰写调查报告的时候,研究者切不可东一榔头,西一棒槌地去分析总结,这样会打破原有分析的逻辑层次,而使研究者很难得出准确的结论。

举例来说,假如研究者在分析调查数据的过程中,先进行单变量描述,再进行双变量描述,进而再进行双变量的推论统计分析,那么在做结论时,就应该按照之前分析变量的顺序,依次进行单变量分析结果的结论、双变量描述分析结果的结论和推论统计结果的结论。再比如,通过某项调查发现,宏观制度与社会因素、中观组织与社区因素以及微观个体因素能够对某一现象的发展起到很强的制约作用,那么在做结论时,研究者就必须按照从宏观到中观再到微观的逻辑层次一一提出对应的结论,而不能先提一个从个体修养角度出发的对策,又提一个从法律制度角度出发的对策,再提一个从社区建设角度出发的对策。

四、调查报告的结论要保证客观

客观性是调查报告必须具备的特性,因此,在撰写调查报告时,研究者必须以客观为基础,要在充分调查分析的基础上得出客观的结论。要做到这一点,研究者可以从以下几方面入手。

(一)调查报告应避免使用主观色彩较浓的语句

这一点实际上是要求研究者在撰写调查报告时,必须体现出客观性。而为了体现报告的客观性,研究者在陈述研究状况时,最好用第三人称而非第一人称的口吻来写作。例如,可采用"调查结果显示……""本研究认为……""笔者认为……""以上数据表明……""根据资料,可以发现……"等语句,而不用"我认为""通过我们的研究显示""我们发现"等带有明显主观色彩的语句。

（二）调查报告应用汇报的语气陈述调查详情

调查报告是陈述调查详情的报告，因此在撰写时应以汇报的语气陈述调查详情。在行文时，研究者应始终面对读者，用一种向读者报告的口气撰写，而不能以带有强烈主观色彩的语气，如出力图说服读者同意某种观点或看法，或者将自己的观点强加给读者等方式来陈述调查详情。

同理，在撰写调查报告的时候，研究者应注意只要将事实呈现出来就好，而不要对事实做价值判断，要相信读者有自己的价值判断能力。举例来说，某项调查发现，被调查者对老年人的再婚问题有着不同的看法，在这种时候，研究者只需客观地表述出这些看法就好，而不需要对这些评价作出正确或错误的判断。

（三）调查报告的撰写应以数据分析或调查研究为基础

要使调查报告保持客观性，除了在报告中避免使用主观色彩较强的语句，而应以汇报式的语气陈述调查详情之外，还应注意以数据分析或者调查研究为基础进行调查报告的撰写，这样才能一方面保证研究者以客观的语气陈述调查详情，另一方面也能得出客观的结论。

研究者要想以数据分析或调查研究为基础进行调查报告的撰写，就需要根据实际的数据结果作出针对性结论，表述力求准确精确，切忌用模棱两可的语句，更不能无中生有。假如，报告中的定量分析始终是描述性的统计分析，那么除非在描述性的统计分析后补充了定性的因果分析，一定不能随便得出相关的结论。

此外，在撰写调查报告，尤其是定量性调查报告的时候，很多研究者都容易犯这样的错误，即得出的结论和调查结果看似相关，其实毫无根据。这种情况，最容易出现于只经过描述性统计而没有经过定性因果分析的调查结论中，因此，在撰写调查报告时，研究者必须充分意识到这一点，以便能撰写出客观的、准确的调查报告。

举例来说，一项调查研究发现，被调查的 100 名男性平均每天消耗 600 克大米,而被调查的 100 名女性则平均每天消耗 500 克大米,在撰写报告时,研究者就千万注意不能写成"研究发现,在被调查者中,男性的平均饭量比女性要高""在被调查者中,男性人均每日消耗的大米比女性要高 100 克左右"。

参考文献

[1]董海军.社会调查与统计.武汉:武汉大学出版社,2009

[2]范伟达.现代社会研究方法.上海:复旦大学出版社,2001

[3]费孝通.社会调查自白.北京:知识出版社,1985

[4]风笑天.社会调查原理与方法(第2版).北京:首都经贸大学出版社,2008

[5]风笑天.社会调查中的问卷设计.天津:天津人民出版社,2002

[6]风笑天.社会学研究方法.北京:中国人民大学出版社,2004

[7]风笑天.现代社会调查方法(第3版).武汉:华中科技大学出版社,2006

[8]郝大海.社会调查研究方法.北京:中国人民大学出版社,2005

[9]李强,林克雷.社会调查方法概论.北京:国际文化出版集团,1988

[10]林聚任,刘玉安.社会科学研究方法.济南:山东人民出版社,2008

[11]宋林飞.社会调查研究方法.上海:上海人民出版社,1990

[12]谭祖雪,周炎炎.社会调查研究方法.北京:清华大学出版社,2013

[13]王雪梅.社会调查研究原理与方法.北京:华文出版社,2002

[14]韦克难.社会调查研究方法.成都:四川人民出版社,2002

[15]吴增基,吴鹏森,苏振芳.现代社会调查方法(第3版).上海:上海人民出版社,2009

[16]邢占军,衣芳.社会调查研究方法.北京:人民出版社,2010

[17]徐经泽.社会调查理论与方法.北京:高等教育出版社,1994

[18]袁亚愚.社会调查的理论与方法.成都:成都科技大学出版社,1993

[19]周德民,廖益光.社会调查原理与方法.长沙:中南大学出版社,2006

[20]周孝正,王朝中.社会调查研究.北京:中央广播电视大学出版社,2005